Une Promenade spirituelle en ce monde

Une Promenade spirituelle en ce monde

*L'emblème de l'Ánanda Márga représente son idéologie.
Le triangle pointant vers le haut marque l'action, s'exprimant
par un service désintéressé à toute la création ; celui pointant
vers le bas, la connaissance intérieure, issue de la méditation
spirituelle. L'association des deux permet un progrès sur tous
les plans aboutissant à l'éveil, représenté par le soleil levant
et s'achevant par la victoire spirituelle, but du pratiquant
symbolisé par la croix svastika.*

Shrii Shrii Ánandamúrti

Une Promenade spirituelle en ce monde

Florilège

Éditions ANANDA MARGA
LA VOIE DE LA FÉLICITÉ

Introduction

Shrii shrii Ánandamúrti (1922-1990) a écrit de très nombreux ouvrages (p. 167). Visant toujours l'éducation spirituelle de son lecteur, il cherche à lui ouvrir l'esprit par la connaissance tout à la fois spirituelle, philosophique, historique, sociale, scientifique et morale, par l'art (il a composé plus de cinq mille poétiques chants spirituels *(Prabhát saṁgiit))*, etc. Ses ouvrages plus temporels, expression de son profond intérêt pour la condition humaine, sont signés de son nom civil Prabhat Ranjan Sarkar.

Shrii shrii Ánandamúrti est également un maître de yoga renommé. Son enseignement pratique, à la fois profond et joyeux, a vivifié l'existence de milliers de personnes et leur a donné de la force pour poursuivre leur pèlerinage sur la route de la vie. Il se caractérise notamment par un enseignement progressif de la méditation spirituelle rendant accessible à tous les techniques développées sur des millénaires par les yogis, enseignement qu'il a voulu, comme il se doit, entièrement gratuit. Cet enseignement comprend également les pratiques physiques et psychophysiques du yoga et l'éthique yoguique, développée dans des directives psychiques et comportementales.

Ce livre regroupe des textes choisis dans quelques-uns de ses ouvrages. Il nous emmène pour une promenade sans nous demander de connaissance avancée ni même particulière des pratiques yoguiques. Il élargit notre vue sur le monde qui nous entoure et nous propose une conduite plus humaine tout en nous encourageant en tant que société à aller de l'avant. Il nous introduit aussi peu à peu, dans le monde de la philosophie du Yoga, des Védas et des Tantras et nous fait réfléchir sur certaines des subtiles notions qui fondent leur conception philosophique de l'être humain et du monde.

Shrii shrii Ánandamúrti est le fondateur de plusieurs organismes internationaux. En premier lieu, l'association spirituelle Ánanda Márga à travers laquelle il a propagé et propage encore son enseignement yoguique dans le monde entier, grâce à ses enseignants spirituels consacrés. Vient ensuite l'organisme Amurt, l'association humanitaire filiale, inscrite à l'Onu comme Ong, qui œuvre aujourd'hui indépendamment, dans de très nombreux pays, dans les secours en cas de catastrophe et par de nombreux projets de développement. Il y a aussi *Proutist universal* qui vise à faire connaître et mettre en œuvre la théorie de l'Utilisation progressiste (Tup) de l'auteur, alternative politique qui milite entre autres pour la démocratie économique[1]. De nombreux autres organismes au rayonnement plus limité tels *Renaissance universal* et *Rawa* qui regroupent respectivement les intellectuels et les artistes ; *Pcap* une association de défense et de protection des animaux et des plantes, etc.

Ce recueil nous donne un aperçu sur un vaste champ de connaissance, regroupant de nombreux textes sur le sens de ce qu'est la spiritualité : que veut dire connaissance « de soi », quelle est la nature du monde, où allons-nous ? etc., des écrits sur les pratiques yoguiques mais aussi sur l'avenir de l'humanisme, sur l'écologie, une proposition scientifique sur la nature de ce monde avec les microvita, certains textes mêlant histoire de l'Inde et spiritualité, d'autres abordant la pratique de l'art, l'économie, la biopsychologie, la macroévolution, des poèmes et, constamment, une véritable réflexion philosophique restant accessible à tous (table des matières p. 176).

---

[1] Voir le recueil *La Vision de la Tup, théorie de l'Utilisation progressiste*, Éd. Ananda Marga, 2011.

Le commandement suprême

Méditer deux fois par jour régulièrement nous assure de penser à Dieu au moment de la mort et d'atteindre ainsi à lui. Tout aspirant à la félicité éternelle doit donc méditer deux fois par jour, c'est le commandement du Seigneur.

Sans conduite morale, on ne peut méditer, suivre les principes moraux spirituels[1] est donc également le commandement du Seigneur. Refuser ce commandement n'est rien d'autre que se jeter dans les affres de la vie animale pour des millions d'années.

Pour que personne ne subisse de tels tourments, que chacun puisse jouir de la Paix éternelle sous la protection aimante de Dieu, c'est le devoir de chaque pratiquant de s'efforcer d'amener tout le monde sur le bienfaisant chemin de la Félicité. Conduire autrui à la voie juste fait partie intégrante de la pratique spirituelle.

Shrii Shrii Ánandamúrti

---

[1] *Yama-niyama* (p. 170).

Première partie

Plexus et microvita

Le monde évolue rapidement de la matérialité à l'intellectualité. Un jour viendra, c'est certain, où cette intellectualité se transformera en spiritualité. Tout comme nous approchons rapidement d'un âge intellectuel, un âge spirituel fera aussi son apparition dans un avenir très proche.

L'on dénombre trois catégories d'êtres vivants. Tout d'abord, les êtres physiques comme les chiens qui sont indifférents aux injures.

Viennent ensuite les êtres essentiellement psychiques, comme les humains que l'on ne peut insulter sans provoquer colère ou même sanglots ou suicide.

Finalement, nous avons les êtres spirituels ; un jour viendra où il y aura de nombreux êtres spirituels sur la terre.

Le progrès spirituel requiert une pratique spirituelle, pratique pour laquelle le rôle des *cakras* est immense. Leur purification *(cakra shodhana)* et leur régulation[1] *(cakra niyantrańa)* est l'aspect le plus important de la pratique spirituelle.

Qu'est-ce qu'un cakra [ou plexus] ? C'est un ensemble de glandes principales et secondaires dont l'emplacement diffère d'un animal à l'autre. Chez l'être humain, les *cakras* se situent

---

[1] Cette purification et régulation s'effectue par une pratique à la fois physique, psychique et psycho-spirituelle : la maîtrise de sa conduite selon l'éthique spirituelle du yoga (p. 170), de son corps physique par une juste alimentation et la pratique des postures yoguiques, de ses pensées grâce aux capacités de maîtrise de soi et la juste orientation mentale que donne une pratique bien orientée de la méditation, et par l'immersion et les techniques de méditation spirituelles (voir p. 174), bref par la pratique des seize points que recommande l'auteur. (ndt)

aux points d'intersection des [trois canaux psycho-spirituels principaux[1],] *idá, suśumná* et *piuṇgalá*.

Dans l'esprit humain, les pensées se forment et se dissolvent continuellement. Derrière ce phénomène mental, se trouvent les tendances et sentiments naturels *(vrtti)* essentiellement expressions du potentiel *(saṁskára)* inné de l'être humain. Nos tendances et sentiments se manifestent en fonction de notre potentiel *(saṁskáras[2])* personnel, et ce sont nos *cakras* [centres subtils dirigeant les énergies] qui en dirigent l'expression.

L'activité vibratoire des *cakras* permet à cinquante tendances naturelles majeures humaines de s'exprimer, intérieurement et extérieurement. La vibration active les sécrétions glandulaires hormonales, et de la normalité ou l'anormalité de ces sécrétions découle la normalité ou l'anormalité du penchant. Le psychisme exprime sa vitalité par ces tendances naturelles. Notre existence mentale est en effet indissociable de celle de nos tendances mentales, nos propensions naturelles. Les détruire correspondrait à une mort mentale.

Ci-contre les principaux plexus du corps humain :

[Les *cakras* sont les centres de contrôle, ou points régisseurs, d'une zone plus vaste qui est le *maṅdala[3]*.]

---

[1] Ces canaux ou *nádii* permettent la circulation des énergies. La *suśumná* va directement du fondement à la fontanelle. L'*idá* et la *piuṇgalá*, montant le long de la *suśumná* du fondement à la racine du nez, s'y croisent en des carrefours que sont les *cakras*, qui régulent ces énergies (voir schéma). (ndt)

[2] Les *saṁskáras* sont la trace psychique de nos actes passés sous la forme d'une réaction non encore manifestée à nos actions. (ndt)

[3] Les noms des quatre premiers plexus ou *maṅdala* renvoient aux noms des quatre éléments (terre, eau, feu, air autrement dit solide, liquide, lumineux et gazeux). (ndt)

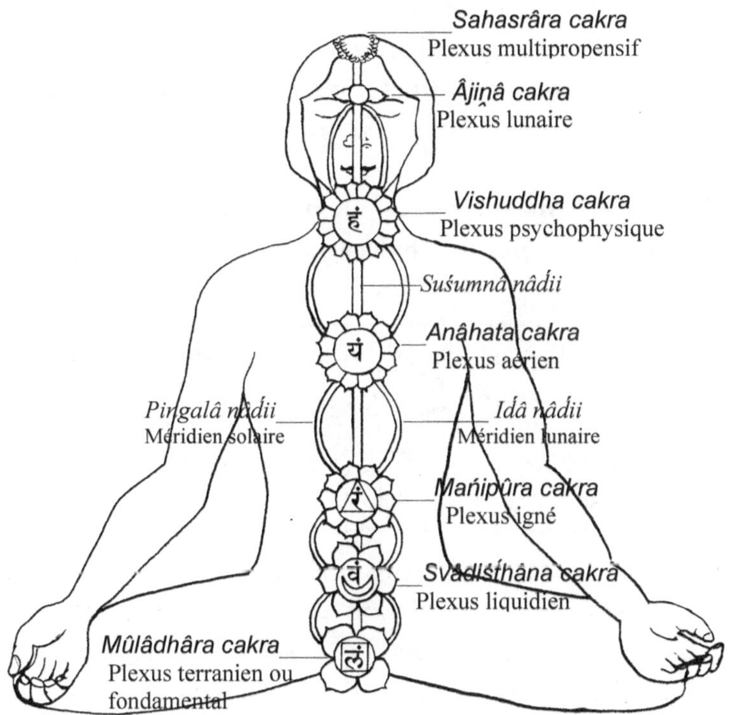

Mańḍala	**Plexus**	*Cakra*	Niveau du corps
Bhaoma	terranien	*Múládhára*	fondement
Tarala	liquidien	*Svádhiśthána*	bas-ventre
Agni	igné	*Mańipúra*	nombril
[1]	aérien	*Anáhata*	cœur
	psychophysique	*Vishuddha*	gorge (thyroïde)
Shashi ou *Candra*	lunaire	*Ájiñá*	entre les deux yeux
	multipropensif	*Sahasrára*	sommet de la tête

---

[1] Que l'auteur ait appelé ce plexus et le suivant *nakśatra-* et/ou *saora-mańḍala* n'est semble-t-il pas très clair. Il a toutefois utilisé les termes *aerial* et *physico-psychic* dans un de ses discours en anglais. (ndt)

Les chakras incluent dans leur champ d'action un certain nombre de glandes principales et secondaires, sources des diverses propensions (instincts, tendances naturelles et sentiments) ayant chacune leur racine [ou source] acoustique :

(…)

Les dix propensions du plexus igné [un peu au-dessus du nombril]**, régi par le chakra *maṇipúra*, et leurs racines acoustiques :**

la peur, *pha* — *ḍa*, la timidité
l'aversion, la haine, *pa* — *ḍha*, la tendance sadique
l'engouement, *na* — *ṇa*, l'envie
la convoitise, *dha* — *ta*, l'inertie, la somnolence
la mauvaise humeur, *da* — *tha*, la mélancolie

C'est au niveau du plexus igné, du *cakra maṇipúra*, qu'il y a la plus forte accumulation de chaleur. Ce plexus agit comme refuge de la chaleur du corps. (…) Le plexus igné (l'*agni maṇḍala*) comprend les dix glandes et sous-glandes régies par le *cakra maṇipúra*. Il englobe une zone plus vaste que celle de son centre régisseur (le *cakra*).

Les douze propensions du plexus « aérien » ou pneumatique, régi par le chakra *anâhata*, et leurs racines acoustiques :

le repentir, *tha* — *ka*, l'espoir
la tendance à l'altercation, *ta* — *kha*, l'inquiétude
l'hypocrisie, *iṇa* — *ga*, l'effort
l'avidité, *jha* — *gha*, la possessivité, l'amour
l'amour-propre, *ja* — *uṇa*, la vanité
la dépression, *cha* — *ca*, la conscience, le discernement

(…) La lumière provenant directement des étoiles, celle réfléchie par les planètes, les satellites et les météores ainsi que la lumière des galaxies et nébuleuses se reflètent dans toutes les glandes du corps, en particulier au niveau de l'*anáhata cakra.* Le plexus aérien est l'aire réfléchissante de ce chakra, qui dépasse celle du chakra lui-même.

La lumière, qui s'y réfléchit ou s'y réfracte, mais aussi les microvita qui se déplacent sur les ondes lumineuses, affectent le corps et les douze glandes de ce chakra. Les microvita[1], tant positifs que négatifs, se déplacent dans ce milieu [la lumière]. Quels sont les milieux permettant aux microvita de se déplacer, de s'établir, de résider ? Ce sont les « ondes, supports subtils, transmettant les caractéristiques des éléments[2] » *(tanmátras)* et les idées.

Le plexus aérien est un peu au-dessus du plexus igné, les microvita positifs y prédominent donc par rapport aux microvita négatifs. Le plexus igné a la qualité mutatrice et le plexus aérien la qualité consciente. Où se trouve alors la qualité statique ? Sous le plexus igné, aux plexus terranien et liquidien.

Les personnes de bonne nature, les aspirants spirituels *(sádhakas),* absorbent plus de microvita positifs que les gens non spirituels. Leurs propensions ont ainsi une vitalité plus positive. Chez un pratiquant spirituel, toutes les propensions positives du plexus aérien sont ainsi renforcées, engendrant un élargissement psychique vers une conscience positive. Si l'on va vers le grossier, l'on obtient au contraire un rétrécissement psychique de nature négative.

Quand des individus en grand nombre dans ce monde comprendront cela, à eux tous ils absorberont encore plus de microvita positifs. Cela aura des répercussions bénéfiques sur chaque personne concernée et en même temps sur le monde dans son ensemble.

---

[1] Les microvita sont des entités dotées de conscience, à la limite de l'abstrait, voir les chapitres p. 61 et 140. (ndt)
[2] Fondamentaux de la matière (la lumière, l'eau, le son, etc.) voir p. 63 et aussi *Les microvita* du même auteur (ndt).

Tant d'étoiles, de planètes et de corps célestes agissent sur votre plexus aérien, il vous est impossible de vous soustraire à cette influence. Personne ne peut vivre dans l'isolement, même pas les ermites. Ceux-ci qui, dès l'Antiquité et jusque dans le courant du Moyen Âge, occupaient des grottes himalayennes, auraient mieux fait de vivre au sein de la société et d'y apporter leur contribution. Ils ne l'ont pas fait, trompés par le dogme de l'époque.

Tous, nous devrions avoir une pratique spirituelle pour renforcer la présence des microvita positifs et diminuer l'influence des microvita négatifs.

(…)

Toutes les planètes, météores, étoiles, etc. de tous les systèmes solaires (et pas seulement du nôtre) affectent l'individu par leur lumière, directe, refléchie ou réfractée. C'est au-delà du pouvoir de l'astrologie ou de l'astronomie que de calculer cet effet sur les personnes. L'astrologie ne s'occupe que des planètes de notre système solaire et de leur influence sur l'individu. Mais notre théorie se réfère aux influences non seulement des corps célestes de notre système solaire, mais aussi de tous les autres systèmes solaires, étoiles, planètes, satellites, météorites, nébuleuses et galaxies existants, sur les glandes humaines. Cela déborde donc le champ de l'astrologie et de l'astronomie. L'astrologie et l'astronomie ne prennent en compte qu'une infime partie des influences planétaires sur la destinée. Tandis que la théorie dont nous parlons considère également l'effet sur le système glandulaire des rayons indirects, réfractés ou réfléchis. Il est tout à fait impossible à l'astrologie comme à l'astronomie de calculer tous ces effets. C'est donc une science totalement nouvelle.

Calcutta, le 10-12 janvier 1989

Intériorité et extériorité

Qu'est-ce cela ? Qu'est-ce ? « C'est une fleur ». Comment pouvez-vous dire que c'est une fleur ? C'est que des ondes lumineuses ont touché vos yeux, faisant se créer en vous, dans votre esprit, une fleur semblable. Ce n'est pas vraiment la fleur que vous voyez mais son image mentale. Vous me suivez ?

On ne voit, on n'entend et on ne touche même jamais rien. On est seulement en contact avec le reflet vibratoire des objets perçus, exprimé dans son propre esprit. C'est ce contact qui nous fait affirmer voir une fleur, écouter une chanson ou toucher quelque chose de chaud ou de froid. On n'est en fait jamais en contact physique avec quoi que ce soit. Ce contact est mental, il passe par nos nerfs, notre cortex et tout notre psychisme objectif. Lorsque nous avons l'impression de voir quelque chose, nous n'en voyons que la projection intérieure, effectuée à l'aide de nos neurones.

Quel mystère ! N'est-ce pas un grand mystère que tout ce que nous percevons ou concevons, tout, soit en fait à l'intérieur de nous ? rien n'est à l'extérieur. C'est pour cela que l'on dit que l'univers entier est en nous en miniature, nous contemplons la projection psychique du monde matériel. Je dis donc que l'être humain est plus psychique que physique. Notre existence est plus importante au niveau psychique que physique. Il nous faut cependant, comme je vous l'ai dit lors de notre grand rassemblement spirituel, maintenir un parallélisme vibratoire entre son être, son incantation [*mantra*] et les ondes spirituelles.

Il y a deux sortes d'approches humaines : « extro-intérieure » et « intro-externe » :

« Voici une fleur ». Les ondes du monde extérieur atteignent l'œil puis ses cellules nerveuses par le nerf optique et finalement le cerveau. Celui-ci projette à l'intérieur de notre psychisme, une fleur identique, fonction des ondes lumineuses extérieures. Ce mouvement est dirigé de l'extérieur vers l'intérieur. C'est quelque chose d'extérieur qui se recrée à l'intérieur du psychisme, qui va de l'extérieur vers l'intérieur, autrement dit extro-intérieur : créé à l'extérieur mais allant à l'intérieur. C'est ce qu'étudie la psychologie appliquée.

On peut aussi rencontrer un mouvement intro-externe. C'est le cas d'une création mentale que l'on projette à l'extérieur. Imaginez que vous ayez mentalement créé un éléphant et soyez doté d'une puissante structure ectoplasmique. Vous pouvez, à l'aide de celle-ci, émettre des ondes engendrant cette image mentale. Vous et autrui êtes alors capables de voir cette projection extérieure. Vous créez dans votre esprit un éléphant ectoplasmique et le projetez à l'extérieur. Celui-ci devient alors visible. On appelle cela, en psychologie, une hallucination positive.

Pareillement, supposons qu'il y ait un éléphant à l'extérieur. Il est possible, avec votre force ectoplasmique, de bloquer son émanation lumineuse. Personne ne pourra voir l'éléphant bien qu'il y en est un. En termes de psychologie, c'est une hallucination négative. Il y a donc deux sortes d'hallucinations : une positive, où ce qui paraît être n'est pas vraiment, et une négative, où ce qui est, semble ne pas être. Vous comprenez ?

Il y a donc, pour vous, deux univers : un univers extérieur et un univers intérieur. Les ondes du dehors pénètrent le monde intérieur. Inversement, il est possible de créer de puissantes vibrations extérieures si la pression des ondes ectoplasmiques est importante. Pour être en mesure de créer des hallucinations positives ou négatives, il est nécessaire de projeter ses ondes mentales vers l'extérieur. C'est un sujet intéressant et très intellectuel.

Mais qu'en est-il pour Dieu *(Parama Puruśa)* ? Qui est cet Être suprême ? Il est celui qui, par sa puissance ectoplasmique, crée toute chose.

Si un homme possède l'amour de Dieu, qu'il soit ou non savant, il peut s'unir à Dieu par la seule force de son amour pour lui. Dans cet état d'union, il ne conserve pas d'identité séparée. Disons que cet homme s'appelle Joseph. Au moment où il devient un avec l'Être suprême, « Joseph » disparaît.

Dieu est donc un. Toi ma petite fille, sais-tu danser ? Oui. Sais-tu chanter ? Oui. Es-tu experte en peinture ? Oui. Parles-tu français ? Non. Ah ! maintenant tu as un point faible. Ce genre d'imperfection est le lot de tous, même de Dieu, qui en possède deux. Tout d'abord, il ne peut créer un deuxième Être suprême. En effet, tous ceux qui l'aiment et parviennent à s'approcher tout près de lui deviennent également lui, sans entamer le moins du monde son unité. Comme du fer qui entrerait en contact avec un aimant et lui resterait soudé, créant ainsi une entité unique. L'Être suprême demeure donc un en toute circonstance. Vous connaissez le fleuve Jaune (Huang Ho) ? Que se passe-t-il quand il rencontre l'océan Pacifique ? Lorsqu'une personne entre en contact avec Dieu, Conscience universelle *(Parama Puruśa),* elle cesse d'être une personne. Elle est totalement absorbée, tout comme le Huang Ho.

Dieu a deux imperfections : il ne peut créer de deuxième Dieu, Dieu est toujours un, et deuxième imperfection, Dieu est incapable de haïr quiconque. Supposons que quelqu'un vous soit antipathique. Vous lui direz peut-être si vous êtes mécontent : « Je ne veux pas te voir, je te déteste ! ». Vous pourriez aussi lui dire : « Va-t-en ! va-t-en ! ». Dieu, lui, ne peut haïr quiconque car s'il le faisait et vous ordonnait de vous en aller, vous pourriez lui répondre : « Conscience universelle, tu es partout, pourtant tu m'ordonnes de partir. Où puis-je aller ? » Cet Être suprême devra donc vous dire : « Va-t-en, quitte mon territoire ! » Mais en dehors de celui-ci il n'y a rien. Tout est intérieur [à Lui]. Il vous sera alors possible de le mettre au défi : « Ou tu changes de nom ou tu retires ton ordre ! » Vous suivez ?

Dieu est donc incapable de deux choses : créer un deuxième Être suprême et haïr quelqu'un. Il ne peut même pas haïr un homme vil car tout est sa Création. Imaginez que vous ayez mentalement créé une personne mauvaise. Vous ne pouvez la haïr car elle est à l'intérieur de vous. Pour la même raison, Dieu est incapable de haine.

Je vous ai dit qu'il y a, pour vous, deux mondes : le monde extérieur et le monde intérieur, et deux types de vibrations : extro-intérieures et intro-externes. Alors que pour Dieu, tout est intérieur, il n'y a pas d'extérieur. C'est pour cela que, pour lui, il ne peut y avoir de projections extro-intérieures ou intro-externes, tout est intérieur, rien n'est au-dehors. C'est ainsi que quoi qu'il pense, qu'il imagine en lui-même, nous le voyons comme la réalité. Nous voyons l'océan Pacifique à l'extérieur, mais pour Dieu l'océan Pacifique est purement mental. Il a créé l'océan en lui-même et le voit mentalement. Regarder des objets mentaux se fait sans les yeux. Si vous créez un tigre dans votre esprit, avez-vous besoin d'yeux pour le voir ? Non, vous le voyez mentalement. Dieu n'a pas besoin d'yeux. Il voit tout avec son œil mental. Pour lui, rien n'est extérieur, tout est intérieur.

Que doit alors faire un intellectuel ? De nombreux lettrés sont bouffis d'orgueil. Vous avez déjà vu de ces érudits très vaniteux qui sont fiers de leur intelligence. Peuvent-ils s'unir à

Dieu ? Absolument pas, car ils dirigent leur projection psychique vers le monde extérieur. Ils veulent la renommée et la satisfaction de leur vanité. Jamais ceux imbus de leur supériorité intellectuelle ne pourront s'approcher de Dieu.

Qu'en est-il de celui faisant preuve d'une grande capacité d'action, constamment absorbé par une activité ?

Qu'est-ce qu'une action ? Toute action implique un changement relatif d'emplacement. C'est ce changement de place, qui nous fait dire qu'il y a action. Ce changement de lieu est de nature relative et non absolue. Ceux qui mettent en œuvre leurs facultés d'action le font sur un objet dans le temps et l'espace. Dieu étant au-delà du champ de ces facteurs [relatifs (individuel, temporel et spatial)], on ne peut l'atteindre par ses facultés d'action.

Qui alors est en mesure de l'atteindre ? [Les sages] disent que c'est très facile. Que faut-il donc faire ? « Ô Seigneur, je suis ta création, je t'appartiens, je suis à ta disposition, mon corps est ton instrument, utilise-le. » Vous devez cependant faire quelque chose. Laquelle ? Dieu a-t-il un besoin particulier ? Il a deux imperfections : il est incapable de créer une autre Conscience universelle comme il est incapable de haïr. A-t-il un besoin ? Non, il ne désire ni pouvoir, ni renommée, ni fortune, car tout l'univers réside en lui et tous les biens du monde sont donc sa propriété. Non, il n'a aucun besoin.

Le véritable adorateur dit pourtant : « Ô Seigneur, il y a tant de serviteurs exceptionnels et j'en suis seulement un ordinaire, le pire de tes adorateurs. Mon Dieu, ceux qui sont tes plus grands serviteurs ont fait quelque chose, ils ont volé ton cœur/ta Pensée. » Parce que Dieu aime beaucoup ses adorateurs, il les a laissé dérober son cœur/sa Pensée. Dieu, s'étant fait voler son cœur/sa Pensée par ses dévots, a maintenant au moins un besoin. « Ô Seigneur, tes adorateurs t'ont dérobé ton cœur/ta Pensée, tu as donc un besoin. Faisons une chose Seigneur, prends le mien. Comme ça tu auras tout ce qu'il te faut. Je t'offre mon cœur/mon esprit. Accepte-le. »

Les amoureux de Dieu sont donc très intelligents, beaucoup plus que les théologiens ou les gens d'action.

Taïpei, le 24 août 1979

Nos cellules participent à notre psychisme

Le corps de chaque être humain est constitué d'innombrables cellules. Ces cellules sont soit de type protozoaire, soit de type métazoaire. Toutes les parties du corps humain se composent de ces deux types de cellules. On peut d'ailleurs percevoir la structure humaine dans sa totalité comme une unique cellule de type métazoaire.

Chacune de ces cellules possède un psychisme, une âme, etc. individuels. Le psychisme d'une cellule est cependant différent du psychisme humain : les cellules de type métazoaire sont mieux pourvues mentalement que les cellules de type protozoaire, et l'être humain est plus développé psychiquement que chaque cellule qui le compose. Le psychisme humain englobe le psychisme de la personne et ceux de chacune des cellules de type protozoaire ou métazoaire qui la composent, c'est donc un esprit collectif.

Tout comme on ne peut dissocier la Psyché macrocosmique de chaque être ou objet de cet univers, que ce soit individuellement ou globalement, on ne peut séparer le psychisme individuel de ses constituants : le psychisme individuel est en corrélation avec chacun de ses constituants et les cellules constituantes ont également une relation d'ensemble avec lui.

Nos cellules vivent généralement approximativement vingt et un jours, après quoi elles meurent et sont remplacées par de nouvelles. Si vous vous frottez le corps, même habillé, des cellules s'en détachent. Elles ne proviennent en général pas de l'environnement mais de centaines de cellules [de peau] mortes accumulées. Les cellules se développent de manière générale en utilisant la lumière, l'air, l'eau et la nourriture que nous ingérons. La nature de ce que nous mangeons et de ce que nous buvons affecte ainsi nos cellules et en conséquence notre esprit.

Un aspirant spirituel *(sádhaka)* doit donc exercer la plus grande prudence dans le choix de ses aliments. Chez toute personne qui consomme de la nourriture statique[1] *(támasik)* se produit, après un certain temps, la formation de cellules statiques ; le psychisme de l'aspirant subit alors cette influence statique. C'est pour cela que l'on conseille [aux aspirants spirituels] des aliments « conscients » *(sáttvik)* et dans certains cas activants *(rájasik)*. Cette alimentation permet la naissance de cellules sensibles, propices à l'élévation spirituelle.

C'est passé vingt et un jours environ que les vieilles cellules meurent et que de nouvelles voient le jour.

Chez les personnes âgées, les cellules deviennent défectueuses et c'est pour cela que la douceur et l'éclat du visage se perdent, les rides apparaissent et toutes les parties du corps s'affaiblissent (les cellules déclinent, moins de cellules neuves naissent et certaines d'entre elles sont de plus mal nourries).

Dans certaines maladies, un docteur expérimenté conseillera donc un repos complet d'au moins vingt et un jours pour permettre la croissance de cellules neuves et saines qui redonneront au patient son énergie physique et mentale.

Les cellules sont des êtres vivants et les transformations qu'elles ont subies au cours de leurs vies passées successives les autorisent à vivre et fonctionner au sein d'un corps humain. Par la suite, le psychisme de ces cellules continuera à se développper pour se transformer, par une évolution graduelle, en un psychisme humain.

---

[1] Voir pages suivantes la définition. (ndt)

L'aura ou le rayonnement émit par le corps humain est en fait le rayonnement de l'ensemble des cellules qui le constituent. L'affaiblissement important de nombreuses cellules du corps qui survient avec la vieillesse, provoque une diminution de ce rayonnement. En cas de maladie aussi, le corps peut perdre son éclat, même si la personne est jeune.

Le visage humain compte à lui seul plusieurs millions de cellules. Lorsqu'on se met en colère, le sang afflue vers le visage, causant la mort de nombreuses cellules. La forte accumulation de sang est la cause de la rougeur d'un visage en colère. On reconnaît ainsi aisément une personne violente à son visage.

Une alimentation de type consciente et une pratique spirituelle régulière modifient la nature des cellules du corps. Celles-ci, devenant de plus en plus conscientes, peuvent former, par leur rayonnement, une aura autour du corps physique de l'aspirant spirituel. C'est pour cette raison que de nombreuses illustrations montrent les saints et les saintes entourés d'un halo.

Puisque les cellules sont affectées par la nourriture et l'eau, et que le psychisme l'est par les cellules, il va de soi que les êtres humains doivent adopter une alimentation appropriée. L'esprit et la nourriture sont intimement liés. Il faut donc faire preuve de discernement dans le choix de ses aliments pour éviter une éventuelle dégénérescence mentale. Un aspirant spirituel sincère doit suivre le précepte disant que *de la pureté de la nourriture découle la pureté intérieure.*[1] *(Chándogya Upaniśad)*

Il convient donc de choisir des aliments préservant la pureté/sensibilité du corps et de l'esprit.

---

[1] *Áhára-shuddhao sattva-shuddhih. (7, 26, 2).*

Chaque chose de ce monde est dominée par l'un des trois principes – conscient, actif et statique. La nourriture ne fait pas exception à cette règle ; on la divise en ces mêmes trois catégories en fonction de sa nature intrinsèque :

La nourriture consciente/pure produit des cellules sensibles et contribue ainsi au bien-être physique et mental. Citons comme exemples le riz, le blé, l'orge, [les céréales], la plupart des légumes frais et secs, les fruits, le lait et les produits laitiers.

La nourriture active est bonne pour le corps mais n'est pas toujours bonne pour l'esprit, bien qu'elle soit clairement dépourvue d'effets mentaux pernicieux [elle comprend les aliments ni conscients, ni statiques].

La nourriture statique nuit au psychisme et est plus ou moins bonne pour le corps. L'oignon, l'ail, le vin et les produits alcoolisés, les aliments pas frais ou pourris, la viande des animaux [surtout] de grande taille comme les vaches et les buffles, le poisson, les œufs, etc., sont des aliments alourdissant mentalement, statiques.

Bien souvent, les gens consomment des aliments sans en connaître leurs caractéristiques. Le lait d'une vache qui vient juste de mettre bas, l'aubergine blanche, la baselle rouge [*basella rubra* Linn.], le pois *khesari* [la gesse cultivée] et les feuilles de moutarde sont des exemples de nourriture statique. C'est aussi le cas des aliments à moitié pourris ou décomposés qui sont toujours statiques.

Pour son équilibre mental et son progrès spirituel, il faut surveiller la qualité de son alimentation. Il ne suffit pas simplement d'avoir une pratique spirituelle et de manger n'importe quel aliment, bon ou mauvais.

Ranchi, le 14 février 1970

Le corps humain est une machine biologique

L'existence humaine est, comme toute autre existence biologique, animée par les tendances naturelles de sa psyché. Permettez-moi d'expliquer pourquoi le corps humain est une machine biologique animée par des propensions mentales.

Ce corps n'est pas le vôtre. Il appartient à l'Entité qui lui a associé un psychisme de sorte que vous pensiez : « c'est mon corps ». C'est parce que ce psychisme a été autorisé à utiliser ce corps qu'il pense cela. L'âme *(átman)* [l'Esprit], observe, en témoin, ce que le psychisme est en train de penser. Si l'âme cesse d'observer, le psychisme cesse aussi son activité. Quelle est donc la science qui fait s'animer la machine biologique ?

Nous avons dix organes sensori-moteurs *(indriyas)* : cinq organes des sens et cinq organes moteurs[1] auxquels s'ajoute un organe [mental ou] intérieur. Les organes sensori-moteurs constituent l'instrument extérieur.[2] L'organe intérieur, directement associé au corps, est intrinsèque au psychisme. Il nous transmet la sensation de faim quand notre estomac est vide. Dans ce cas, notre psychisme se met à chercher de la nourriture, ce qui se traduit par des actions physiques du corps. Les organes se divisent donc en deux parties : l'organe intérieur, partie intrinsèque du psychisme et l'extérieure, les cinq organes des sens et les cinq organes moteurs.

---

[1] Cordes vocales, mains, pieds, anus et organe sexuel correspondant aux fonctions motrices de la parole, la préhension, la locomotion, l'excrétion et la reproduction. (ndt)
[2] *(Jiṇánendriyas, karmendriyas, antah-karaṅa, bahih-karaṅa).*

La poussée des tendances naturelles provient de l'organe intérieur. Il en est la source. Cet organe intérieur est constitué des niveaux sensori-désirant et purement mental du psychisme. Pensée, mémoire, etc. sont des fonctions de l'organe intérieur, qui fait toutes ces choses. Le corps s'active ou est affecté de manière correspondante à chaque action mentale de l'organe intérieur. Nous voyons donc que cette machine biologique est animée par la poussée de ses propensions mentales.

La signification cachée du *Mahâbhârata*

Il y a en sanskrit six directions cardinales[1] – nord, sud, est, ouest, haut et bas – et quatre directions collatérales[2] – nord-ouest, sud-ouest, sud-est et nord-est. On a donc en tout dix directions.

L'organe intérieur est par lui-même aveugle. C'est à l'aide de la « conscience, du discernement » *(viveka)* qu'il peut voir ou visualiser. C'est ainsi que [dans le *Mahâbhârata*] l'organe intérieur est le roi Dhrta-Râstra [qui est aveugle], et ses forces – les dix facultés sensorimotrices, l'instrument externe – peuvent opérer dans dix directions à la fois. L'organe intérieur a donc dix fois dix, soit cent expressions extérieures, en d'autres termes, Dhritarastra a cent fils.

Qu'en est-il des Pândavas [les cinq frères, fils de Pandu, (la fratrie d'Arjuna), qui guerroient contre leurs cousins les fils de Dhritarastra] ? Ils représentent les cinq éléments dans le corps humain :

Sahadeva est l'élément solide situé au plexus terranien[3] (capable de répondre à tout).

---

[1] Appelées « *dish* » ou « *pradish* ».
[2] Nommées respectivement *váyu, naer-rta, agni* et *iishána,* et collectivement *anudish.*
[3] *(múládhára cakra).*

Le suivant est Nakula, au plexus liquidien[1]. *Nakúla* c'est l'eau « s'écoulant sans obstacles[2] », l'élément liquide.

Vient ensuite Arjuna, représentation lumineuse de l'énergie et de la force, situé au plexus igné[3], se battant constamment pour maintenir l'équilibre.

Puis Bhîma fils de Pându, est *vâyu*, l'élément aérien, au plexus [cardiaque][4].

Vient finalement Yudhi-shthira, au plexus [vocal][5], là où la matière prend fin et l'autre monde commence. Dans le combat opposant matérialistes et spiritualistes, dans la lutte entre la matière et le sublime, Yudhishthira demeure non affecté et imperturbable : *Yudhiśthira est celui qui reste ferme dans la bataille (Yudhi sthiro Yudhiśthirah).*

Quant à Krishna, il est au *sahasrára cakra* [le plexus spirituel du sommet de la tête] et lorsque la *kuńdalinii* [la force vitale individuelle, divinité dormante] se réveille et atteint « Krishna » [le plexus spirituel], aidé par les Pândavas [les éléments], l'être individuel se fond dans la Conscience universelle. Les Pândavas viennent au secours de l'être incarné et le conduisent sous la protection de Krishna.

Sanjaya – la conscience, capable de discernement – est le ministre du roi Dhritarastra, [l'organe intérieur] aveugle ; celui-ci, ne pouvant voir, interroge Sanjaya : « Sanjaya, dis-moi comment s'est comporté mon camp [face aux Pândavas] au cours de la bataille de Kurukshetra et de Dharmakshetra ? »

Les cent fils de Dhritarastra [les sens et les facultés motrices agissant dans les dix directions] essayent de contrôler l'être

---

[1] *(svádhiśthána cakra).*
[2] *Na* signifie « pas de » et *kúla* « berge ».
[3] *(mańipúra cakra).*
[4] *(anáhata cakra).*
[5] *(vishuddha cakra).*

incarné, tandis que les Pândavas viennent à son secours par une lutte constante. Finalement victorieux, ces derniers peuvent conduire cet être sous la protection de Krishna. Telle la signification cachée du Mahâbhârata.

Le Kuru-kśetra est le monde de l'action, le monde extérieur qui nous réclame d'agir en permanence. Là, l'action est le mot d'ordre ; d'ailleurs *kuru* signifie « faire » [et *kśetra* champ][1]. Le Dharma-kśetra, lui, représente le monde psychique intérieur où dominent les Pândavas.

La place de la psychobiologie

En activant une glande secondaire située dans la partie inférieure du plexus igné[2], on peut supprimer la timidité d'un pratiquant spirituel[3]. Tandis qu'en pressant ladite glande de manière différente, on peut inverser ce processus en vue d'accroître la timidité. Une fois débarrassée de sa timidité, une personne peut agir et se déplacer sans complexes. Si, au contraire, elle est prise de timidité, son visage devient rouge (signe physique de timidité) et, en dépit d'un désir d'action, elle est incapable d'agir autant qu'elle le voudrait. Nous voyons donc que le corps humain est dirigé par ses glandes et sub-glandes. Pour cette raison, il n'est rien d'autre qu'une machine biologique ; une sécrétion insuffisante ou trop abondante de la même glande assujettit cette machine à des impulsions et défauts variés.

C'est dans ce domaine que j'aimerais vous voir acquérir la plus grande aptitude, pour que vous arriviez, à l'aide de votre pratique spirituelle, à contrôler cette machine biologique par la maîtrise des glandes et sub-glandes.

---

[1] Voir aussi note 2 p. 46. (ndt)
[2] *(mańipúra cakra)*.
[3] *(sádhaka)*.

La biopsychologie peut se diviser en plusieurs branches : la psychologie humaine ; celle des créatures qui se tiennent dressées sur deux pattes (par exemple les orangs-outans) ; la psychologie des autres êtres [singes, quadrupèdes et autres animaux développés] ; celle des reptiles qui se déplacent par pression sur leur poitrine, mais qui ne peuvent pas voler ; la psychologie des créatures volantes, les oiseaux ; et enfin la psychologie des protozoaires et des métazoaires qu'ils soient pluricellulaires ou unicellulaires. Ce sont les groupes principaux.

Les êtres humains sont dirigés et poussés[1] par une psychologie commune. Il serait bien sûr possible de trouver quelques exceptions dues à des anomalies biologiques, mais à part ces exceptions, c'est en gros la même psychologie qui régit chaque personne. Ram, Shyam, Mohan, Yadu et Madhu sont tous dotés d'une structure biologique quasi-identique et sont donc forcément dirigés par les mêmes règles psychiques, démontrent les mêmes caractéristiques mentales, possèdent les mêmes désirs, les mêmes mérites et démérites psychiques.

Prenons un vieil homme et un jeune homme qui se disputent. Le jeune homme lance d'un ton railleur : « Vous êtes le dernier des idiots, vous êtes bête à pleurer. Vous n'êtes qu'un bon à rien inutile ! ». Le vieil homme répond : « Quoi ? Qu'avez-vous dit ? Comment ? Savez-vous ce qu'est la politesse ? Et vous pensez m'enseigner les bonnes manières ?! ». Le jeune répond : « Oh oui ! Certainement ! ». De telles réac-

---

[1] « Guider, diriger, pousser » ; s'il y a un simple accompagnement, l'on n'exerce aucune pression : par exemple, vous souhaitez qu'une personne vous accompagne et elle le fait ; vous pouvez également guider une personne en faisant certains efforts pour l'amener sur le chemin de votre choix ; vous pouvez aussi être directif en la poussant véritablement à agir selon vos désirs, c'est-à-dire en la faisant bouger avec force.

tions sont tout à fait fréquentes chez les êtres humains et témoignent de leur psychologie naturelle.

Néanmoins, si chez le vieillard certaines glandes secondaires de la poitrine, autour de *l'anáhata cakra*, sont activées, le vieillard, au lieu de réagir avec colère, répondra plus calmement et avec moins de gravité, faisant preuve d'une nature plus calme et moins irritable. C'est parce que certains changements dans les cellules nerveuses liées aux glandes et sous-glandes de la poitrine ont été apportés. En stimulant correctement le point directeur d'un sentiment humain, la réponse change.

Ainsi, un changement biologique entraîne une réaction psychologique différente. Pour amener cette transformation biologique, il faut pratiquer un culte spirituel qui touche les neurones et les nerfs qui innervent ces parties du corps. Cela entraîne une modification des sécrétions hormonales, source de changements psychologiques. La pratique d'un culte spirituel produit une transformation dans les cellules nerveuses.

Vous devriez tous apprendre la psychologie de chacun des groupes et tout particulièrement celle des humains et des autres êtres animés. Quant aux objets inanimés tels que l'or, l'argent, le fer, etc., s'ils n'ont pas de psychologie à proprement parler, ils possèdent cependant certaines propriétés. Il est donc possible de dire que chaque entité animée ou inanimée possède une psychologie ou des propriétés qui la caractérisent et dont il faut tenir compte lors de toute interaction avec elle.

Par la pratique de la spiritualité, par un culte spirituel pratique, vous pouvez modifier certains aspects de votre système nerveux, de vos cellules nerveuses, contrôler la sécrétion hormonale de vos différentes glandes et vous élever spirituellement. Ce processus d'élévation rend une personne surhumaine, la conduisant au-delà de la psychologie humaine ordinaire.

Sans lui, la règle générale s'applique, d'où le besoin de pratique spirituelle ; sans elle ces changements seraient impossibles.

La pratique de la spiritualité est la principale raison de la venue sur terre des êtres humains. Qu'ils agissent dans le domaine social, qu'ils apprennent, qu'ils étudient, qu'ils aident leur prochain, qu'ils fassent tout ce qui peut favoriser et accélérer le processus de leur pratique spirituelle car c'est là le thème majeur de leur existence. Quoi que vous fassiez dans ce monde, chacune de vos actions devrait être motivée par le désir d'encourager votre propre pratique et de favoriser celle des autres. Les humains viennent sur terre pour avoir une pratique spirituelle, pour se rapprocher de Dieu *(Ishvara, Parama Puruśa)*, But suprême. C'est pourquoi les actes des humains ne doivent pas être comme ceux des animaux. Quoi que les êtres humains fassent, ils doivent le faire de manière à accélérer leur progrès dans leur cheminement spirituel.

Cette machine biologique aide les humains de manière considérable. C'est en effet parce qu'il s'agit d'une structure de bipède que nous pouvons l'utiliser pour la pratique spirituelle. Les bipèdes comprennent les humains, les orangs-outans, les chimpanzés et les gorilles. Les [autres] singes sont aussi des bipèdes, mais ils ne peuvent pas se tenir droit. Ils n'ont d'ailleurs ni le port des bipèdes ni celui des quadrupèdes, mais se situent entre les deux. Il est parfaitement possible d'entraîner des orangs-outans à fumer comme les humains par exemple et qu'ils se mettent à aimer cela. L'avez-vous vu dans les zoos ? Ils fument des cigarettes, cassent des noix de coco et en boivent le lait. Avec un apprentissage plus poussé, ils pourront facilement se rapprocher des humains. Ces créatures sont guidées et animées par une psychologie de bipèdes – *pedis* est un mot latin, qui signifie « pied » (pédestre : à pied) [en grec, *podos*] – c'est une podo-psychologie, non une psychologie humaine.

La structure biologique et le système nerveux des humains sont plus développés que ceux des autres bipèdes. Les singes sans queue – chimpanzés, orangs-outans et gorilles – sont moins développés que les humains parce que leur colonne vertébrale est [abondamment] munie d'os de la queue. Les êtres humains en possèdent également, à l'extrémité inférieure de leur colonne vertébrale, bien que ce coccyx soit recourbé vers l'intérieur et ne saille pas à l'extérieur du corps, comme chez les singes. Au cours des quatre premiers mois de gestation, le fœtus humain développe une queue qui grandit au même rythme que son corps ; mais passé quatre mois, la croissance de la queue ralentit comparativement. Puis, passé huit mois, la queue rentre dans le corps de l'enfant à naître et cesse d'être visible extérieurement. Le fœtus possède alors toutes les caractéristiques d'un être humain. C'est l'une des différences majeures entre la structure biologique humaine et celle des autres bipèdes.[1]

Les chimpanzés, les orangs-outangs et les gorilles sont tous des singes sans queue [(hominoïdes)] mais leur colonne vertébrale est dotée d'os caudaux plus volumineux que celui des êtres humains. Si chez l'être humain, le coccyx est bien situé à l'intérieur du corps, chez les singes hominoïdes, plus d'os de la queue sont à l'intérieur du corps. C'est pourquoi ils ne peuvent se tenir droit comme les humains. Il leur faut se pencher légèrement en avant, ce qui fait ressortir leur posté-

---

[1] Un enfant qui naît prématurément peut ne pas survivre. Si ses parents habitent dans une zone rurale isolée et ne peuvent lui apporter l'assistance médicale appropriée, ils peuvent l'envelopper dans du kapok provenant d'un kapokier-ouatier *(shimul)* [*bombax ceiba* L.] et le garder ainsi sur un lit en bois pendant deux mois. Il faut tremper le kapok dans du beurre clarifié pur et le changer régulièrement. Ce procédé simple fournira de bonnes conditions à une croissance saine du bébé.

rieur en arrière. Le crâne des singes sans queue est légèrement plus petit que celui des humains et contient comparativement moins de neurones. Chez l'être humain, la vitesse de croissance du fœtus augmente par rapport à celle de la queue entre le quatrième et le huitième mois de grossesse. Tandis que chez les singes sans queue, cette dernière continue à se développer au même rythme que le reste du fœtus. Après la naissance, ces singes doivent se pencher en avant pour garder l'équilibre. Quant aux animaux à queue, ils doivent se pencher tellement pour contrebalancer le poids de celle-ci, qu'ils ne peuvent pas rester longtemps debout.

Les singes sans queue ont, grâce à cette absence de queue, une psychologie de bipèdes ; les animaux [bipèdes] à queue également, mais leur cerveau est plus petit. La queue plus importante fait que le crâne se développe moins, par conséquent le cerveau se développe moins. La psychologie des singes à queue est ainsi différente de celle des bipèdes sans queue.

Avec un peu de persévérance, il est tout à fait possible d'enseigner la pratique spirituelle aux singes sans queue. Quant aux bipèdes à queue, le manque d'alignement des cinq centres de contrôle des cinq éléments situés dans leur colonne vertébrale ne leur permet pas de faire comme les singes sans queue. Les points de contrôle se trouvant sur une courbe, la pratique ne peut se faire correctement.

Les êtres pouvant se tenir droit peuvent avoir une pratique spirituelle aisée car leurs points de contrôle des éléments sont en ligne droite. Ces créatures possèdent un crâne légèrement renflé dans sa partie arrière indiquant que le cerveau est suffisamment volumineux pour une pratique spirituelle aisée. Voyez la chance que vous avez de posséder une structure biologique humaine, un corps humain ! L'être humain devrait être reconnaissant à Dieu de cette faveur.

Il y a autre chose. Les bipèdes à queue ne se servent pas de leurs membres antérieurs uniquement pour marcher mais plus encore pour saisir. Les êtres humains ne s'en servent jamais pour marcher tandis que les singes les utilisent souvent autant pour marcher que pour saisir.

Ainsi les singes ne peuvent en aucun cas égaler les hommes, même si on leur coupait la queue ; ce n'est pas cela qui les empêcherait de se pencher en avant. C'est donc un avantage considérable que de posséder un corps humain.

Devenu un être humain grâce à ses actions, on atteint au salut une fois obtenue la connaissance de soi.[1]

(Tantra)

Pour arriver à la connaissance de soi, il vous faut atteindre au total abandon de vous-même à Dieu. Gardez-vous de le défier – sur le terrain de l'intelligence, du talent… – sauf sur un point : « Ô Seigneur suprême, tu m'as fait venir sur cette terre alors apparaît devant moi ! Car c'est ta Grâce qui m'a donné ce corps humain. »

Le fait d'avoir une queue augmente la vitesse de course des bipèdes à queue, les rendant plus rapides que les humains. Ils utilisent cette queue comme une cinquième patte qui équilibre et allège le poids des autres membres. Lorsque les singes marchent sur deux pattes comme les bipèdes, ils avancent plus lentement que les êtres humains. Mais s'ils marchent à quatre pattes en s'aidant de leur queue, ils peuvent sauter d'un arbre à l'autre et se déplacer à grande vitesse.

Ce sont les glandes lymphatiques qui accroissent la vitesse de mouvement. Chez les humains, ces glandes sont situées sous les articulations des bras et des jambes, ainsi qu'à certains autres endroits. C'est la sécrétion hormonale de ces glandes qui

---

[1] *Sukrtaer mánavo bhútvá jiṇánii cen mokśam ápnuyát.*

donne la faculté de sauter. Les humains peuvent-ils, avec beaucoup d'efforts, sauter comme des singes ? Ils ne peuvent même pas courir comme eux ! Cette différence provient des glandes lymphatiques. Lorsque les glandes situées aux articulations s'activent, des poils poussent sur ces parties du corps. À l'opposé, une absence de poil indique un sous-développement des glandes lymphatiques et une capacité à sauter moindre.

Supposons qu'un jeune homme se mette à courir comme un singe, à quatre pattes. Si tout en courant, il imagine qu'il a une queue, courir lui devient plus facile. Supposons maintenant qu'on active ses glandes lymphatiques, il prendra alors un plaisir accru à ce mode de déplacement, grâce à la quantité d'hormone supplémentaire sécrétée ; pas autant qu'un singe mais beaucoup plus qu'un être humain ordinaire. Biologiquement parlant, il sera très proche d'un singe, et ce n'est que lorsque ses glandes lymphatiques seront ramenées à la normale, qu'il sentira à nouveau tout le poids de son corps. Il ne lui sera alors plus possible de sauter à droite, à gauche, comme il le faisait pendant son incursion forcée dans le monde simiesque. Il sera à nouveau un parfait gentleman !

Prenez l'exemple des eunuques hommes ou femmes. Le crâne féminin est généralement plus petit que le masculin. Si vous observez un squelette féminin, vous noterez que la partie supérieure de son crâne est plus petite. Ceux qui sont eunuques de naissance ont un crâne encore plus petit et si, par un processus biologique, on les transforme en homme ou en femme, ils ou elles souffriront de migraines toute leur vie. C'est un état incurable car il est dû à un déficit de neurones dans le cerveau. Si, de la même façon, on transforme un homme en femme, il ne souffre d'aucune migraine due à ce problème, contrairement aux femmes qui, lors d'un changement de sexe, rencontrent des difficultés dues à la petitesse de leur crâne, c'est-à-dire de leur cerveau. C'est une question d'importance au niveau biologique en direction de laquelle les êtres humains ne se sont toujours pas aventurés.

Le champ socio-économique

Vous voyez donc que le corps humain est une machine biologique. Vous devez conduire votre action sociale, vos théories socio-économiques, votre vie politique et votre vie culturelle vers l'Être suprême et, ce faisant, garder ce fait à l'esprit. En agissant ainsi, vous éviterez à l'égoïsme de se manifester en l'être humain et ne risquerez pas de nuire à la société. Les partis politiques et autres organisations socio-économiques oublient malheureusement cette réalité et, au lieu d'aider le monde, le conduisent à son malheur.

C'est exactement ce qui s'est passé dans le cas du Parti communiste. Cela s'est produit dans le monde entier, créant des dommages considérables. Pourquoi ? Ils n'avaient ni pratique ni but spirituels. Il y aura donc aussi longtemps que le communisme subsistera sur cette terre, des souffrances. Le communisme doit s'en aller de lui-même ou c'est par la force qu'on devra l'enlever, car telle est la demande de l'humanité. Un échec à ce niveau et un grand danger menacera la société.

Quel est l'impact social d'une théorie économique ? Est-il positif, est-il négatif ? Quels sont ses effets ?

Le corps humain, l'existence humaine est une structure biologique menée par une certaine psychologie et par certaines tendances naturelles *(vrttis)*. La vie socio-économique est, de même, une structure biologique, dirigée par des besoins psychiques et des tendances psychophysiques, autrement dit une psychologie. La vie socioéconomique est ainsi une structure biologique. Elle doit suivre certaines normes et règles. Je dis donc que la structure socioéconomique de la société est une structure biologique menée par des besoins psychiques.

Lorsque Karl Marx déclara qu'on devait réserver le droit de propriété à l'État ou aux communes, il allait directement contre les passions et besoins humains.

La vie socioéconomique et la structure biologique humaine sont toutes deux dirigées par des besoins psychiques, des besoins psychiques fondamentaux, autrement dit par une psychologie. La vie d'une collectivité – domaine d'action d'une théorie socioéconomique – et celle d'une structure biologique humaine sont toutes deux menées par leur psychologie : leurs besoins psychiques, leurs passions et penchants d'ordre psychophysiques. On ne peut ignorer cela.

Nos désirs nous poussent, de l'intérieur, à satisfaire aux exigences de certains besoins dirigés vers un objet bien précis. Il y a un besoin à la base, une poussée instinctive. En même temps sont présentes certaines aspirations, émotions et penchants socio-psycho-physiques fondamentaux. Nous ne devons jamais l'oublier.

Toutes les théories socioéconomiques propagées dans le passé ont ignoré ces besoins fondamentaux des êtres humains, c'est pour cela qu'elles ont échoué. Le marxisme est l'une d'entre elles mais son échec n'est ni isolé ni exceptionnel. Il est donc primordial pour une théorie socioéconomique de prendre en compte toute la pyramide des nécessités humaines. Même les ex-supporters du communisme trouvent maintenant les raisons de l'échec du marxisme et de l'une de ses branches, l'eurocommunisme.

Parmi les désirs qui peuplent l'esprit humain, la soif de spiritualité est l'un des plus subtils. Au plexus fondamental quatre aspirations prennent naissance : l'aspiration psycho-spirituelle, l'aspiration psychique, le désir physique et l'aspiration spirituelle.[1] Cette dernière est donc un besoin humain fondamental.

Les êtres humains ne peuvent aller à contre-courant ou même dévier de la voie tracée par celui qui contrôle les ondes de pensées de l'univers *(Iishvara),* voie qui est le mouvement normal de la vie humaine. Non, ils ne peuvent le faire. Aucune théorie ou pratique ne peut s'écarter de cette voie fondamentale.

Il y a le besoin, la passion, le penchant et le sentiment.

Le besoin, en sanskrit *uccátana.* Supposez qu'un homme dise à son ami qu'il veut aller à Calcutta et que ce dernier objecte. Si cet homme ne veut rien écouter, écarte son ami et part pour Calcutta, c'est qu'il obéit à un besoin.

La passion, en sanskrit *udvrtti.* Si l'homme profère des menaces à l'encontre de son ami qui essaye de l'empêcher d'aller à Calcutta, il cède à un désir de type passionné.

Le penchant, *vrtti* en sanskrit. Si la personne demande à son ami de l'accompagner à Calcutta parce que c'est le seul endroit où peuvent se réaliser nombre de ses espoirs et désirs, il suit ses penchants.

Le sentiment, en sanskrit *bháva-pravaṅatá.* Si son ami lui dit : « Pourquoi veux-tu aller à Calcutta alors que cet endroit est toujours détrempé et embouteillé ? Cela nuira certainement à ta santé. Écoute la voix de la raison ! » et que l'homme y aille malgré tout, c'est qu'il est mû par le sentiment.

L'esprit humain est guidé par ces quatre aspects et toutes théorie et pratique socioéconomiques doivent s'y adapter.

Prenons un exemple. La psychologie paysanne est telle que normalement, un fermier ne vend jamais sa terre. S'il fait don d'un terrain, c'est qu'il agit sous la pression des circonstances ou pour suivre un haut idéal. Une philosophie déclarant

---

[1] *(múládhára cakra, dharma, artha, káma, mokśa)*

l'État propriétaire de toutes les terres s'oppose donc à cet aspect fondamental de la psychologie humaine. C'est ainsi que ce que prêche le communisme va à l'encontre de la psychologie humaine de base. De même, si les autorités demandent à un cultivateur de leur donner mille kilos de riz pris sur ses champs, il le fera peut-être, mais si ce riz doit être pris sur les réserves de la maison, sa femme n'offrira sans doute que cent kilos. Habituée à rester à la maison, son univers est réduit et sa psychologie bien différente de celle des autorités. Nous voyons donc que chaque groupe possède sa propre psychologie, mais il y a cependant des traits fondamentaux. Une théorie socio-économique ne devrait pas les ignorer.

Vous possédez un corps humain, utilisez-le au mieux ! Dès cet instant, oubliez tout du passé.

Nombre de mes vies passées se sont déroulées en vain. J'ai aujourd'hui redressé ma vie, je me consacre humblement au Seigneur. J'œuvre pour lui, laissant derrière moi tout attachement au monde.[1]

(Tulsîdâs)

C'est valable pour chacun d'entre vous, les plus jeunes comme les plus âgés. Continuez à œuvrer, à donner de vous-même pour la société et vous ne manquerez pas d'amener une évolution digne de ce nom. Dévouez-vous à l'humanité et à l'Être absolu. Que la victoire soit avec vous.

Calcutta, le 20 juillet 1990

---

[1] *Bigŕi jiivan anek hi sudhari janam áj,*
Jai Rám ki Rám japu tulsi taju ku-samáj.

Les quatre dimensions de l'économie

Une économie développée devrait comporter quatre parties : l'économie populaire, la psychoéconomie, l'économie commerciale et l'économie générale. Cette dimension quadruple de l'économie représente une avancée majeure sur les conceptions contemporaines de l'activité économique.

La plupart des économistes d'aujourd'hui ne comprennent que peu de choses aux principes de l'économie générale et n'ont qu'une notion de ce qu'est l'économie commerciale ; ces branches sont toutes les deux encore sous-développées. L'économie populaire et la psychoéconomie sont totalement oubliées par les économistes modernes et de ce fait n'ont pas trouvé de place dans la pensée économique actuelle.

L'économie populaire

L'économie populaire traite des besoins essentiels de la population en générale : la production, la distribution, la commercialisation, la livraison, le stockage, la fixation des prix, la vente, les frais de port et de devis et toute activité liée à ces besoins essentiels. Plus important encore, elle est directement responsable de la garantie du minimum vital que sont la nourriture, l'habillement, le logement, les soins médicaux, l'éducation, le transport, l'énergie et l'irrigation.

Le rehaussement continuel de cette couverture minimale et la mise à disposition des biens essentiels sont les composantes clés de l'économie populaire. On peut assurer le minimum vital par un pouvoir d'achat garanti qui serait inscrit dans la constitution comme un droit fondamental de l'homme. Cela donnerait aux citoyens d'un pays un pouvoir légal [de plainte] si leurs besoins minimums ne sont pas satisfaits, c'est pourquoi on garantira leur accès au pouvoir d'achat par une loi constitutionnelle.

L'économie populaire s'occupant du minimum vital et des problèmes de subsistance de la population, elle doit avoir la priorité sur les autres parties de l'économie.

L'économie populaire devrait aussi s'occuper du développement des industries, privées et coopératives. On limitera la taille et la portée des industries privées pour éviter les monopoles de production et l'exploitation. On les obligera à se convertir en coopérative dès qu'elles dépassent une certaine taille. Les industries coopératives sont la meilleure façon d'organiser l'autonomie des gens car elles leur permettent de prendre la responsabilité collective de leur subsistance.

L'économie populaire inclut également le plein emploi, l'éradication de la pauvreté de masse, le développement de l'économie rurale, la socialisation par étapes de la terre dans les mains de ceux qui travaillent physiquement ou intellectuellement à une juste production, des programmes de formation pratique pour donner aux gens des compétences leur permettant de trouver un emploi dans leur localité rurale ou urbaine, des bureaux de placement, et le transport, le transbordement, le chargement et le déchargement de tout matériel, même s'ils ne sont pas viables économiquement sur le court terme.

Elle comprend aussi la production d'énergie bon marché et l'approvisionnement en eau, qui sont essentielles pour la mainmise des populations locales sur leur économie.

Elle inclut enfin la décentralisation économique, la dynamique de coopératives et la planification à l'échelle de l'arrondissement. (...[1])

---

[1] « L'exemple du Bengale : ... » (nde)

La psychoéconomie

L'économie populaire s'occupe principalement de la satisfaction des besoins minimums vitaux, tandis que la psychoéconomie vise, elle, à augmenter la nourriture des esprits, individuels comme collectifs, par des activités économiques appropriées. Certes, l'économie populaire sera la principale préoccupation des pays sous-développés ou en développement, mais la psychoéconomie gagnera en importance dans l'avenir, au fur et à mesure que les problèmes de subsistance se résoudront. La psychoéconomie sera d'une importance majeure dans une économie fortement développée et mécanisée où les gens ne travailleront que quelques heures par semaine et auront beaucoup de temps libre.

Il y a deux branches à la psychoéconomie :

La première s'efforce d'éradiquer les pratiques, conduites et structures économiques, sources d'exploitation et d'injustice. Elle s'opposera à toute forme d'exploitation économique et psycho-économique, et fera prendre conscience aux gens de la façon dont les capitalistes, par leurs actions individuelles ou collectives, exploitent la société et créent des demandes à la fois malsaines et artificielles. Celles-ci non seulement empoisonnent l'esprit mais encouragent des habitudes dangereuses qui nuisent à la sainteté et au développement psychiques.

Le devoir de la psycho-économie est, d'abord et avant tout, de mener une guerre sans répit contre toutes les tendances dégradantes et déshumanisantes de l'économie.

La deuxième branche de la psycho-économie vise à développer et accroître les aliments des esprits, individuels et collectifs. Ce secteur est pratiquement inconnu aujourd'hui, mais cette branche de l'économie deviendra extrêmement importante à l'avenir. Elle assurera l'équilibre à tous les niveaux de l'économie. Elle trouvera de nouvelles solutions inventives aux problèmes économiques et permettra l'utilisation maximum des capacités psychiques et spirituelles. La psychoéconomie ajoutera ainsi au prestige éblouissant de l'économie.

L'économie commerciale

Cette partie de l'économie se rapporte au développement de méthodes de production et de distribution efficaces, scientifiques, qui ne génèrent pas de pertes et où les rentrées dépassent les sorties. Le but de l'économie commerciale est d'assurer une utilisation maximum et une distribution rationnelle des ressources pour le bien de tous.

L'économie générale

L'économie générale et l'économie commerciale se sont déjà certes un peu développées mais leur plus gros développement reste à venir. L'Utilisation progressiste[1] est pour une structure industrielle à trois niveaux, formée d'industries clés gérées par le gouvernement local, de coopératives et d'entreprises privées. Les industries clés opéreront sur le principe « ni gain, ni perte ».

L'économie générale comprend l'organisation de la structure industrielle et la coordination de tous les niveaux de planification économique avec en vue, de garantir l'intérêt général.

Il faut accorder et coordonner ces quatre parties de l'économie en fonction des principes néo-humanistes[2] pour permettre l'utilisation maximum et la distribution rationnelle de toutes les ressources et harmoniser le progrès humain avec toute la création.

Calcutta, le 5 juin 1986

---

[1] Théorie de l'auteur, connue en anglais sous l'acronyme *Prout* (prononcé praote) pour **Progressive Utilisation Theory**. (ndt)

[2] Voir chap. de la p. 70. (ndt)

La spiritualité de Krishna – 1
(Vraja Krśńa et *Párthasárathi Krśńa)*

Le rôle qu'eut Krishna comporte deux parties essentielles : celle du [jeune] Seigneur Krishna, Krishna de Vraja[1], et celle de Krishna roi de Mathurâ. Les obligations, attributions et sphères d'influence de ces deux situations étaient différentes, engendrant des rôles différents. Les gens ordinaires n'étaient pas aussi intimes ou familiers avec le roi Krishna, qu'on désigne sous le nom de Pilote du char d'Arjuna *(Pártha-sárathi[2]),* qu'ils l'étaient avec le Krishna de Vrindâvana[3]. En effet, Krishna de Vraja, avait une personnalité pleine de douceur, empreinte de spiritualité ; tandis que Krishna en tant que roi avait un caractère fort bien qu'également plein de spiritualité. Dans ses deux rôles, Krishna fut un exemple unique pour le peuple indien et le monde entier, et le besoin de présenter cet idéal à autrui se fait encore sentir. Bien que la première partie de la vie de Krishna fut celle de Krishna de Vraja, je ne vais pas vous parler tout d'abord de Krishna de Vraja mais du roi Krishna [qui fut, dans la bataille du Mahâbhârata], le pilote du char d'Arjuna.

---

[1] Vraja est la région champêtre où résidaient les parents adoptifs (voir note 1 p. 45) de Krishna et où ce dernier passa son enfance. Elle était située autour de Mathurâ, alors capitale du royaume. (ndt)

[2] Pártha = Arjuna. (ndt)

[3] Autrement dit « de Vraja », *Vrindávana* signifiant littéralement « la forêt de Vrindâ (appelée aussi Râdhâ) » et désigne un bois de la région de Vraja où Krishna restait dans son enfance, en compagnie des pâtres et des laitières et notamment de Râdhâ. (ndt)

J'ai déjà dit beaucoup de choses sur Krishna. À Ranchi, je fis une longue série de discours sur le Mahâbhârata. Le thème principal en était cependant le Mahâbhârata[1] et non Krishna. Dans cette série de discours-ci, je me propose de me concentrer plus sur Krishna en tant que personnage central. Je ne mentionnerai le contexte du Mahâbhârata qu'à l'occasion car celui-ci ne couvre pas l'ensemble de la vie de Krishna. Le Mahâbhârata ne peut exister si on lui ôte Krishna tandis que si l'on ne garde que Krishna, sans le Mahâbhârata, Krishna continue d'exister, bien qu'un peu diminué.

Abordons tout d'abord le contexte dans lequel vivait le roi Krishna. Il quitta le village de Gokula[2] et les bois de Vrindâvana pour se rendre à [la capitale[3]] Mathurâ. Bien qu'à ses débuts, à Gokula et Vrindâvana, Krishna ait eu maintes fois l'occasion de démontrer son courage, son intrépidité, etc., c'était la douceur qui dominait en lui. Attirer les gens en jouant des airs doux et mélodieux sur sa flûte, établir de douces relations d'amour et d'affection avec tous et, si nécessaire, prendre les armes dans l'intérêt de ses amis intimes et de ses admirateurs, voilà ce qu'il avait coutume de faire. Les admirateurs de Krishna avaient le sentiment qu'il était l'un des leurs. Ils disaient : « Il est l'un des nôtres. Bien sûr, c'est un grand héros, bien supérieur à nous en tout point mais c'est quand même l'un des nôtres. » Ce même Krishna de Vraja qui fit tant pour ses admirateurs, restant près d'eux dans la prospérité et l'adversité, jugea cependant que ce rôle ne lui permettrait pas de rendre un service maximum à la société humaine qui était alors incroyablement persécutée, humiliée et négligée. C'est pour cela qu'il

---

[1] Le mot *Mahábhárata*, qui signifie littéralement « Grande Inde », désigne à la fois la campagne militaire menée par Krśńa, devenu roi, pour unifier l'Inde et le récit épique de cette même campagne. (ndEds)
[2] Le village de ses parents adoptifs. (ndt)
[3] Par la suite Krishna déplaça la capitale à Dváraká. (ndt)

quitta ce rôle et endossa la fonction de roi. Cette mission commença avec l'anéantissement de Kansa[1].

Quelle est la signification [étymologique] du terme *kaṁsa* [kansa] ? Il signifie « celui qui met l'existence d'autrui en péril, qui empêche le progrès et le bien-être général ». Krishna, à l'inverse, signifie « celui qui conduit autrui vers son accomplissement ». Celui qui mène les autres à leur parfait accomplissement, qui ne peut tolérer les idées destructrices ou les éléments destructeurs, était donc destiné à anéantir Kansa et à extirper le mal des plans physique, psychique et spirituel. Telle est la vertu *(dharma)*.

Il faut éliminer les forces, les puissances démoniaques qui sont les principaux obstacles au progrès social. La clémence ou de la compassion peuvent intervenir et suggérer : « Non, pas ceci ! » mais les circonstances exigeaient [cette éradication] et requéraient donc une certaine fermeté. Cela n'était pas faisable dans l'atmosphère douce et tendre de Vraja. L'environnement du Kurukṣetra[2] était l'endroit qui se prêtait le mieux à cette tâche.

En ce qui concerne le rôle principal de Krishna, j'ai déjà mentionné que bien que le Mahâbhârata ne couvre pas tous les aspects de la vie et de la personnalité de Krishna, il n'en reste pas moins un fait que le rôle principal de Krishna fut celui de pilote du char d'Arjuna : *Pártha-sárathi* ([...] la société indienne antique suivant l'ordre matrilinéaire, on appelait également Arjuna : Pártha [« fils de Prthá »], sa mère, la princesse Kuntî, étant native du royaume de *Prthá*...)[3].

---

[1] Kansa, le roi tyrannique de Mathurâ (alors capitale du royaume). (ndt)

[2] Le *Kurukṣetra* [le « domaine des Kurus » ancêtres des Kaoravas] fut le champ de bataille dans la guerre du Mahâbhârata. (ndEds)

[3] d'où le titre de *Pártha-sárathi* (pilote du char d'Arjuna) pour désigner Krishna. Car, lors de la grande bataille du Mahâbhârata qui opposa les Pandavas (Arjuna et ses quatre frères) aux Kaoravas, leurs cent cousins, le roi Krishna avait offert le choix aux deux camps : ou son armée ou sa personne désarmée. Arjuna, ami et disciple de Krishna, qui conduisait le camp

Quel fut le rôle de Krishna ? Celui de « pilote du char d'un guerrier » *(sárathi)* [...]. Le pilote du char de Pártha (Arjuna) n'était autre que Krishna lui-même[1]. Krishna était donc le pilote du char d'Arjuna. Les Écritures et les traités *(shástras)* disent que le pilote joue un rôle très significatif dans le combat en général, qu'il soit physique ou spirituel. Le *Yajur-véda* dit :

Comprend que le corps est comme un char dont l'être individuel serait le passager et propriétaire ; comprend que la conscience discriminante pilote ce char à l'aide des rênes que sont les pensées.[2]

(Katha Upaniśad)

Comprend que l'âme est la passagère et propriétaire du char$_s$: il y a un char et l'on compare la personne assise dans ce char à l'âme *(átmá).* Cette personne est la propriétaire du char.

...Que le char lui-même est le corps$_s$: on compare le corps physique à un char (parfois aussi à un temple). Un char doit être bien entretenu, tenu propre et en bon état de marche. Un temple aussi se doit d'être bien entretenu et tenu propre : « propre et étincelant » *(jhakjhake taktake)* car il est le lieu de toute activité. Installé dans son char, l'on peut se déplacer. Et puisque « le corps humain est un temple » *(shariiram dharma-mandiram),* il faut le garder impeccablement propre. La propreté/pureté est un principe fondamental de tout pratiquant spirituel.

Comment devriez-vous maintenir votre corps ? En bengali, on dit *jhakjhake taktake* [« propre et étincelant »]. En sanscrit *tak* signifie « blanc étincelant, d'une propreté éblouissante »,

---

des Pandavas avait choisi la présence de Krishna ; Duryodhana, l'ainé des Kaoravas, avait choisi l'armée du roi Krishna. C'est ainsi que Krishna se retrouva pilote du char d'Arjuna (le guerrier, un archer (ici Arjuna), guerroyait sur un char conduit par un pilote). (ndt)

[1] Voir note 3 p. 46

[2] *Átmánaṁ rathinaṁ viddhi shariiraṁ ratham eva tu ;*
Buddhin tu sárathiṁ viddhi manah pragraham eva ca. *(III,3)*

d'où le mot bengali *taktake*. Il y a aussi le *haritakii*, un fruit qui évacue toutes les maladies du corps : *hari* : « qui dérobe », « *taki* » : « qui nettoie et rehausse l'éclat de la peau ». D'où le nom de *hariitakii*[1] [myrobolan noir] que porte ce fruit.

> *Le myrobolan est bienveillant comme une mère humaine. Une mère se met parfois en colère, mais pas le myrobolan lorsqu'on le consomme.*[2]

Il faut donc garder le char qu'est le corps humain impeccablement propre.

*Comprend que le pilote du char est la conscience discriminante...*ₛ : on compare ici la conscience discriminante *(buddhi)* qui conduit l'humanité, la pensée appointée qui met les aspirants spirituels au contact de Dieu *(Parama Puruśa)*, au pilote du char.

*...et que les rênes, elles, sont les pensées.*ₛ Pour conduire le char, le pilote a besoin de rênes[3]. La pensée *(mana)* est assimilée aux rênes.

L'existence humaine a quatre aspects : le soi individuel, le corps, la conscience discriminante qui dirige la pensée et finalement Dieu, Maître suprême de l'existence individuelle. L'on doit avancer avec ces quatre aspects, on ne peut se permettre d'en négliger un. Si l'on dévie, ne serait-ce qu'un peu, du droit chemin, l'on amassera peut-être une immense fortune mais l'on invitera sa perte en tant que passager du corps symbolisé par le char : votre char qui est votre carcasse physique se fracassera, vos rênes qui sont votre psychisme n'auront plus de

---

[1] [Une « prune » détoxifiante et légèrement laxative : *Terminalia chebula* Retz., panacée de l'âyurvéda et de la médecine tibétaine. (ndt)] [La racine verbale] HR + [l'opérateur suffixal] *nini* = *hari*.
[2] *Hariitakii manuśyánáṁ máteva hitakáriṅii ;*
   Kadácit kupyate mátá nodarasthá hariitakii.
[3] (*lágám* en bengali courant)

ressort ou se briseront net, irréparables, et votre pilote [votre conscience] sera mécontent *(virúpa)* ou vous tournera le dos *(vimukha)*. Vous pouvez supporter que [votre conscience] soit mécontente, mais pas qu'elle se désintéresse de vous.

Ce n'est pas du tout la même chose d'être mécontent ou d'être devenu indifférent. Permettez-moi de l'illustrer. Supposez qu'on vienne me poser une question qui m'irrite et que je sois mécontent de la personne qui vient de m'interroger. Il est possible que je me mette en colère : « Idiot, je ne répondrai pas à ta question stupide. » Voilà un exemple de mécontentement *(virúpa-tá)*. Au bout d'un certain temps, je me serai probablement calmé et aurai bien sûr retrouvé ma contenance habituelle. Si la personne me dit alors : « Bábá, pardonne-moi s'il te plaît. Qui va m'aider sinon toi ? » Je lui dirai peut-être :

« Dis-moi ce que tu veux. » Le mécontentement précédent sera passé.

Mais le désintérêt *(vimukha-tá)* est différent :

– Bábá, permet-moi de te dire un mot, juste un mot, Bábá.

– Non, je ne te parlerai pas, je ne t'écouterai en aucune façon lui dirai-je, lui signifiant ainsi que je lui ai tourné le dos.

De même, si votre Conducteur de char est mécontent de vous, à cause de vos erreurs, il vous reconduira sur le droit chemin (après tout, vous n'êtes qu'un être humain). Mais s'il vous a tourné le dos, cela vous sera extrêmement douloureux, insupportablement douloureux. Vous pouvez vous permettre de mécontenter votre Conducteur de char, Dieu, par inadvertance, mais ne faites jamais en sorte de le rendre indifférent.

Calcutta, le 24 août 1980

La spiritualité de Krishna – 2
(Vraja Krśńa et Párthasárathi Krśńa)

Un dicton populaire dit : *Le chemin du Bien est semé de nombreux obstacles*[1]. Lorsqu'on se propose de réaliser une grande tâche, on doit faire face à d'innombrables difficultés. Plus grande est la tâche, plus formidables sont les obstacles. Voilà pourquoi quiconque veut accomplir de nobles actes doit être prêt à rencontrer une opposition dès le tout début. Ceux qui ne sont pas prêts à faire face à des obstacles commencent par fléchir et finissent par capituler devant l'opposition. C'est donc avec justesse que l'on dit :

Que ceux versés en éthique me blâment ou me louent, selon leur bon plaisir, que Lakśmii, la déesse de la fortune, me fasse la grâce (à cause de mes activités) de résider chez moi ou aille ailleurs si elle préfère, que la mort me visite aujourd'hui ou dans des décades, cela m'est égal. Un sage n'abandonne pas la juste voie, le chemin qu'il choisit pour idéal.

Les gens inférieurs n'entreprennent aucune activité noble simplement parce qu'ils anticipent l'opposition. Les gens médiocres commencent sans aucun doute leur travail, mais le laissent inachevé lorsqu'ils rencontrent une opposition. Les gens de la meilleure catégorie ne laissent jamais un travail inachevé. Même confrontés à d'énormes difficultés à chaque pas, ils persistent jusqu'à ce que le

---

[1] *Shreyámsi bahu-vighnáni.*

travail soit achevé avec succès. [s, a][1]

(Bhartrihari[2], *Cent Préceptes moraux*)

D'où le dicton populaire : *Le chemin de l'excellence est semé de nombreux obstacles.*

Le sujet était Krishna de Vraja [le jeune homme] et Krishna pilote du char d'Arjuna [le Roi] : le même Krishna jouant deux rôles nettement différents. Celui de Krishna pilote du char d'Arjuna *(Párthasárathi)* était très dur. L'opposition était d'un gigantisme à la mesure de la grandeur du but recherché.

À l'époque préhistorique, les gens n'étaient pas supérieurs aux animaux. Il n'y avait pas de différence entre les hommes primitifs qui vivaient dans des grottes et les hommes-singes et les singes primitifs vivant dans des grottes. Une branche d'êtres humains primitifs fit cependant des avancées significatives en connaissance et en intelligence. Les autres branches, progressant à leur vitesse normale, n'arrivèrent pas à suivre le mouvement d'accélération de cette branche et se retrouvèrent loin derrière. Les singes ne purent évoluer au-delà du stade animal tandis que les humains sentirent qu'ils étaient quelque chose de nouveau, de différent des autres espèces.

En progressant, les êtres humains apprirent peu à peu à cultiver la terre et à construire des maisons, tout en gardant certains traits animaux. Les singes et autres animaux, par exemple, dansaient parfois, les paons dansaient également et les humains primitifs dansaient aussi. Cependant, tandis que

---

[1] *Nindantu niiti-nipuńáh yadi vá stuvantu, Lakśmii samávishatu grhaṁ gacchatu vá yatheśťam ; Adyaeva marańam astu yugántare vá, Nyáyát pathah praticalanti padaṁ na dhiiráh. (v. 84)*

Prárabhyate na khalu vighnabhayena niicaeh, Prárabhya vighnavihatá viramanti madhyáh ; Vighnaer muhur muhur api pratihanyamánáh, Prárabhya uttamá janá na parityajanti. (27)

[2] Roi-Poète du 7ᵉ siècle, *Niiti-Shatakam.* (ndt)

les animaux continuaient de manger leur nourriture crue, les humains apprirent peu à peu à rôtir et cuire leurs aliments.

Ce fut Shiva qui apprit à ces anciens humains – qui n'étaient ni pleinement humains ni complètement animaux – à vivre une vie harmonieuse et organisée. Puisque les gens aimaient danser, Shiva leur apprit l'art de la danse. Il instaura un système dans chaque domaine de la vie. Remarquant que les gens de son époque étaient contemplatifs, Shiva élabora une discipline favorisant l'atteinte du progrès psychique et l'élévation spirituelle. Il introduisit du rythme et de la méthode dans la vie de ces gens primitifs et leur montra le chemin qui conduit au subtil. La plus haute et la plus grande contribution de Shiva fut de développer chaque aspect de la vie humaine tout en guidant l'être humain de l'animalité au royaume du subtil. Cette tradition s'est poursuivie pendant des milliers d'années.

Cela n'était cependant pas suffisant pour la société humaine. Celle-ci n'avait pas encore compris le besoin ou l'importance d'une vie collective harmonieuse. Il était impérativement nécessaire que les gens ressentent et comprennent la nécessité de construire une société garantissant les nécessités de base tels la nourriture, l'habillement, le logement, l'éducation et les soins médicaux à tous ses membres. Il était essentiel que ceux avançant dans leur vie individuelle prennent conscience que sur le plan collectif, tous devaient avoir les mêmes chances de suivre la même large route de moralité et de spiritualité. Sinon, avec la dégénérescence de la collectivité viendrait inévitablement la dégénérescence de l'individu.

Les royaumes d'Anga, Banga, Kalinga, Saurastra, Magadha, etc., étaient faiblement peuplés. S'ils avaient été confrontés à un problème d'une ampleur sans précédent, ils auraient été incapables d'y faire face individuellement et n'auraient pu surmonter qu'en faisant front ensemble. Krishna avait la lourde responsabilité de faire comprendre cela à la société, et pour le faire comprendre clairement à ses contemporains, il n'eut pas d'autre choix que d'endosser ce rôle de Pilote/conducteur du char d'Arjuna[1] *(Párthasárathi)*.

C'était une tâche prodigieuse, semée de difficultés et d'obstacles. La société de l'époque, l'Inde ancienne toute entière, était fragmentée en un grand nombre de petits royaumes. Krishna espérait ardemment que tous ces petits royaumes s'uniraient et construiraient une société bien soudée, une Inde stable et élargie. Dans une Inde forte et unie, la coopération coordonnée entre des unités fédérées stabiliserait la vie sociale et économique et engendrerait un perfectionnement du niveau moral. Cela donnerait aux gens la liberté de progresser spirituellement. Sa mission s'étendit des individus à la collectivité. Telles étaient les aspirations de Krishna.

Le rôle de Krishna de Vraja était, lui, de guider les gens sur la voie de l'Amour de Dieu *(bhakti)*. Il était l'incarnation même de la tendresse et de la douceur, ne faisant jamais preuve de la sévérité nécessaire au combat. La lutte était bien sûr présente mais l'élément premier était l'amour divin. Guider les gens sur le chemin de l'amour spirituel était le thème principal, et le sentiment qu'ils en retiraient était une expérience directe, immédiate [de Dieu] *(aparokśa anubhúti)*. Alors qu'avec Krishna conducteur du char d'Arjuna, la perception [spirituelle] à laquelle ils aboutissaient, était à la fois immédiate et indirecte. Les gens se développaient en effet intellectuellement. Ils construisaient une société heureuse et prospère. Ils cultivaient une connaissance supérieure qui allait leur permettre de déterminer ce qu'il fallait faire ou ne pas faire dans la vie so-

---

[1] Qui le symbolise comme celui qui a dirigé la Bataille du Mahâbhârata (visant à unifier l'Inde), voir note 3 p. 46 et 1 p. 45 (ndt)

ciale. Ils apprenaient les secrets de l'action en cultivant la science du yoga et en s'initiant pratiquement à comment terminer toute action habilement. Ces leçons conduisaient indirectement à la conscience spirituelle. Krishna conducteur du char d'Arjuna montra à l'humanité le chemin de la connaissance, qui est en soi une aide inestimable à la « perception » directe [de Dieu]. Il enseigna en outre l'art de l'action consacrée *(karma yoga)* qui est en soi une perception indirecte *(parokśa anubhúti)* [de Dieu], mais qui est en même temps une aide inestimable à l'expérience directe. Il enseigna aussi la prise de refuge en Dieu, [l'abandon en lui] *(sharańá-gati),* pour permettre aux gens de se reposer sur Dieu et de jouir de ce refuge suprême. C'est le stade où l'expérience directe et l'expérience indirecte ne font plus qu'un.

La principale différence [entre Krishna de Vraja et Krishna pilote du char d'Arjuna]

Krishna de Vraja montra à l'humanité comment arriver à l'expérience directe [de Dieu]. C'est l'adoration, le tendre amour pour lui *(rádhá bháva)* qui rapproche le plus les êtres humains *(jiivas)* de Dieu *(Parama Puruśa).* Krishna de Vraja expliqua à ses adorateurs qu'ils devaient prendre conscience de la douceur du monde – car toute chose en ce monde est douceur – et la faire leur, par leur amour.

Krishna conducteur du char d'Arjuna *(Párthasárathi),* de son côté, déclara que bien que toute chose dans ce monde soit douceur, les gens devaient goûter cette douceur suprême par la sévérité, la rigueur, la lutte et l'amertume. Dans la vie, la lutte est inévitable.

C'est avant tout cette différence qui distingue les deux rôles de Krishna. Le premier désirait conduire l'humanité à la plus haute conscience par l'expérience directe, tandis que l'autre souhaitait mener l'humanité au même état d'excellence humaine tout d'abord par l'expérience indirecte et après-coup seulement par l'expérience directe. C'est une différence de taille. La détermination, la fermeté que l'on trouve en Krishna conducteur du char d'Arjuna est visiblement absente en Krishna de Vraja. De même, des qualités présentes en Krishna de Vraja sont totalement absentes en Krishna conducteur du char d'Arjuna.

Krishna conducteur du char d'Arjuna[/le roi Krishna] était toujours prêt à prendre les armes pour la défense de ceux qui se plaçaient sous sa protection, alors que Krishna de Vraja entourait ses admirateurs d'un cocon protecteur de tendresse et de charme. Il ne montra jamais sa dureté, sa fermeté à qui que ce soit.

Peut-on dire que l'un des deux était supérieur à l'autre ? Ma réponse sur ce point est la suivante : la question de savoir lequel est le plus grand ne se pose pas du tout, elle est hors de propos. Le fait est que Krishna dut endosser des rôles différents par nécessité. Dans un de ses rôles il convertit une communauté ordinaire en un groupe mû par l'amour de Dieu et exprimant la plus haute ferveur spirituelle, et dans l'autre, il poussa cette même communauté à des actes toujours plus grands et plus nobles, pour l'installer au plus haut sommet de la gloire humaine. Les deux rôles étaient alors tout aussi nécessaires et les deux sont encore nécessaires aujourd'hui.

Calcutta, le 31 Août 1980

Le je suprême

On est délivré de toute servitude terrestre lorsqu'on comprend : « Je suis cet Être absolu », lui qui se manifeste par la conscience de la veille, du rêve, du sommeil profond, etc. [(le quatrième état)].[1]

L'esprit humain connaît quatre états :

La veille *(jágrat)* qui est l'état de vigilance, la conscience du monde extérieur. Vous êtes tous en état de veille.

Le rêve *(svapna),* où la conscience du monde extérieur est inactive mais où votre conscience purement mentale est active et contemple quelque chose,

Le sommeil profond *(suśupti),* où les consciences du monde extérieur et purement mentale sont endormies,

Enfin, le quatrième état *(turiiya),* où les trois niveaux de fonctionnement du psychisme, [les consciences] du monde extérieur, purement mentale et causale [(inconsciente)] sont sans activité et reposent en l'Être spirituel.

Qu'est-ce que l'état de veille ? Qu'est-ce que l'âme individuelle *(jiivátmá)* ?

L'âme individuelle est le reflet, sur l'écran mental individuel, de l'Âme suprême *(Paramátmá)* [l'Esprit]. C'est en fait l'Âme suprême qui est véritablement l'Âme *(Átmá)* tandis que l'âme individuelle n'est que l'Âme réfléchie. C'est pourquoi l'on cite souvent :

...Le reflet disparaît en l'absence de miroir, mais le visage, lui, demeure. Il en est de même de la Connaissance

---

[1] *Jágrat-svapna-suśupty-ádi-caetanyaṁ yat prakáshate, Tad Brahmáham iti jiñátvá sarvabandhaeh pramucyate.* Confer *Kaevalya Upaniśad 17.* (ndt)

éternelle en l'absence de psychisme. Cette Âme qui n'est pas un reflet, je suis ![1]   *(Hastámalaka*[2] *stotra, 6)*

Supposons qu'il y ait un visage ou une fleur – une fleur rouge – et de nombreux miroirs. Cette fleur ou ce visage unique, devient alors, en se reflétant, de nombreuses fleurs ou visages. Le reflet dépend de la nature ou de la pureté de la structure du miroir. Tous les reflets ne sont pas identiques. Cela dépend de la nature du miroir. Un visage unique devient de nombreux visages, de même, l'Esprit suprême est, ou disons la matrice causale est, cette entité unique qui se reflète sur les si nombreux miroirs mentaux [que forment les psychismes].

Chaque existence, chaque être vivant, a un psychisme. Il peut être non développé, développé ou extrêmement développé, mais dès qu'il y a une vie, il y a un psychisme et donc reflet [de l'Esprit]. Ainsi, partout où il y a psychisme, il y a une âme. Cette âme réfléchie est l'âme individuelle et l'âme originale, l'entité qui se réfléchit [(l'Esprit)], nous l'appelons *Pratyag-átmá* [« l'Âme qui est derrière »]. Cette Âme [qui se réfléchit] de l'arrière *(pratyag)* est l'Âme suprême *(paramátmá)*. L'âme individuelle n'est pas l'Âme suprême mais son simple reflet.

Le visage existe indépendamment de son reflet. *Lorsqu'on retire les miroirs, le visage original demeure tel qu'il était, indépendamment des reflets.*s, a

De même, *lorsqu'on supprime tous les psychismes...,* il n'y a plus d'âmes individuelles, cette « Âme qui est derrière », suprême, reste l'unique Entité : *...elle demeure, elle qui n'est pas un reflet*s.

---

[1] *...darpañábháva ábhása-hánao mukham vidyate kalpaná-hiinam ekam. Tathá dhii-viyoge nirábhásako yah, sa nityopalabdhi-svarúpo '[h]am átmá.*
[2] Hastámalaka, fils spirituel et disciple contemporain du grand philosophe indien Shankara (VIIIe siècle) se présentant ainsi à Shankara. (ndt)

Cette Âme dont la nature est connaissance éternelle, je suis !$_s$: c'est elle, l'objet du culte, l'objet d'adoration, l'objet de toute chose et la Faculté connaissante suprême, [(l'Esprit)].

Je viens de vous parler des quatre états du psychisme : l'éveil, le rêve, le sommeil profond et le quatrième [état]. Comment arrive-t-on à ce quatrième état ?

Par une forte concentration, une activité psychique focalisée [en un point], on met en suspens sa conscience du monde ; c'est-à-dire que sa conscience du monde extérieur se rassemble en un point qui s'unifie à la conscience purement mentale : celle-ci se focalise à son tour en un point puis s'unifie à la conscience causale [(plans psychiques inconscients)]. Cette conscience causale – qui fonctionne sans l'aide du système nerveux et demeure avec l'Être divin, l'Esprit – s'unifie alors, sous l'effet de la contemplation spirituelle *(dhyána),* à l'Esprit. Il ne demeure plus alors de psychisme, d'activité psychique, les trois états psychiques [(veille, rêve, sommeil profond)] sont en suspens dans l'Esprit.

On appelle cet état : « le quatrième » *(turiiya)* ou « le tout » *(kevala).*

Kevala signifie « tout », « une seule entité » ; c'est-à-dire que ne demeure que l'Âme suprême. Voilà pourquoi on appelle cet état, l'« accomplissement total » *(kevalá siddhi).*

...Qui se manifeste par la conscience de la veille, du rêve, du sommeil profond, etc. [(le quatrième état)].

La veille, le rêve, le sommeil profond sont les modes d'expression du psychisme et le quatrième [état] est un état de retrait du psychisme. D'où viennent ces quatre formes [d'expression] ? Elles viennent de l'Entité macrocosmique, de l'Entité suprême, elles en sont le reflet : *Qui se manifeste par la conscience*.... Cette Entité supra-psychique – cette Suprême Cognition – est la cause de ces trois expressions du psychisme.

Lorsqu'on comprend : « Je suis cet Être absolu ». Cette Conscience suprême se reflétant dans la veille, le rêve et le sommeil profond, est le pur « je », votre véritable je. Le psychisme associé à ces états [de conscience], ce psychisme ou cette âme réfléchie n'est pas votre véritable je. Votre véritable je est cette Entité suprême dont les âmes individuelles sont le reflet. Tel est votre vrai je.

Lorsque vous arriverez à vous dissocier des douleurs et plaisirs liés à ces petits moi, viendra l'étape finale de votre pratique spirituelle. Voilà l'état suprême. C'est l'union spirituelle *(samádhi)* au-delà de toute activité psychique *(nirvikalpa)*.

*Lorsque l'aspirant spirituel comprend que l'Entité suprême est son vrai je, il se retrouve libre de toute servitude terrestre.*s, a

Patna, le 23 septembre 1978

Le microvitum, mystérieuse émanation du Principe divin

C'est une habitude humaine, lorsque nous ne connaissons pas quelque chose, de dire, pour dissimuler nos limitations ou nos imperfections, qu'elle n'existe pas ou de manière plus intelligente, que son existence n'est que théorique. Dans cet univers qui est le nôtre, nous reconnaissons l'existence de tout ce qui touche nos sens, de tout ce qui est du domaine de notre perception, et nous ne pouvons rien dire de ce qui se trouve hors de portée de nos sens ou de notre perception. De ce fait, notre monde fonctionne à l'intérieur du cadre de nos sens et nos perceptions.

Nous savons que dans la première phase de la manifestation, la phase d'extériorisation [la matérialisation], le subtil se transmue en grossier, et que dans la phase de retour en l'Esprit, [de spiritualisation], le grossier se transforme en subtil. Au cours de cette progression, plus exactement cette avancée semi-circulaire, il se peut qu'apparaissent au niveau de la matière, des objets plus subtils – de nombreux objets plus subtils que les électrons, les protons, [les neutrons] ou les positrons – mais nous ne trouvons pas d'autre choix que de dire que ce sont des électrons, des protons, des positrons ou des neutrons. Il en est de même au niveau psychique, il peut y avoir des entités plus subtiles que l'ectoplasme[1] ou que l'endoplasme, son revêtement extra-psychique.

---

[1] L'ectoplasme désigne ici la « substance » mentale. (ndt)

Il existe cependant des entités dont la manifestation est à la fois physique et psychique, qui sont plus petites ou plus subtiles que les atomes, les électrons, ou les protons et qui, au niveau psychique, peuvent être plus subtiles que l'ectoplasme. Pour ces objets ou entités, j'utilise le mot « microvitum ». Ce microvitum ou, au pluriel, ces microvita, ne sont pas de nature protoplasmique et, en tant que tels, n'ont pas grand chose à voir avec les molécules ou les atomes de carbone que l'on considère comme le point de départ, le premier stade de la vie dans cet univers. Ces microvita se situent, dans la mesure où il s'agit de présence physique, juste entre l'électron et l'ectoplasme mais ne sont ni ectoplasme ni électron.

L'être humain a l'habitude de dire, à propos de tout sujet ou objet qu'il sait exister mais dont il ne connaît ni les caractéristiques ni les particularités, qu'il est mystérieux. Il en va ainsi de ces microvita, c'est pourquoi j'ai utilisé l'expression « le microvitum, mystérieuse émanation du Principe divin ». Ils ne sont pas non plus d'ordre protoplasmique, la question de leur structure protozoaire ou métazoaire ne se pose donc pas. Ce sont des objets mystérieux.

Ces microvita n'ont pas tous la même densité ou la même subtilité. On peut observer certains d'entre eux avec un microscope très perfectionné, d'autres ne sont peut-être pas visibles au microscope, mais on peut percevoir la manifestation de leur activité, de leur faculté d'action ou le résultat de leur activité vibratoire. Ceux-là sont d'un genre plus subtil. Il peut y avoir des formes de microvita encore plus subtiles, qui n'entrent peut-être pas directement dans le champ de nos perceptions mais qui peuvent être accessible à un type très particulier de perception qui est en fait un reflet de la conception dans le cadre restreint de la perception.

On peut donc répartir ces microvita grossièrement en trois catégories : premièrement ceux visibles au microscope, deuxièmement ceux qui ne sont pas visibles au microscope mais dont on peut percevoir la manifestation, le résultat vibratoire de leur action et, troisièmement, ceux qui ne sont pas accessible à la perception habituelle mais à un type bien particulier de perception qui est, en fait, le reflet de la conception à l'intérieur de la perception. Ce type de perception, cette perception d'un genre spécial est accessible à des personnes à l'esprit hautement développé, à l'esprit spirituellement orienté.

En ce qui concerne la catégorie des microvita les plus « grossiers », que l'on peut observer au microscope, on les nomme virus. On dit : « cette maladie est d'origine virale ». Virus est cependant un terme vague. Le terme le plus approprié serait microvitum et non virus.

Ces microvita se déplacent à travers tout l'univers, d'un corps céleste à l'autre. Ils se déplacent partout, franchissant les frontières des nébuleuses, traversant les voies lactées, les galaxies, les étoiles, les satellites, les planètes et les météores. Comme les autres êtres psychiques et psychophysiques, ils ont des caractéristiques fondamentales comme vivre, mourir et se reproduire[1]. Ils se déplacent librement sans se préoccuper des conditions atmosphériques ou des indications du baromètre. Comment se déplacent-ils ? Chacun requiert un véhicule à son mouvement ; la mobilité nécessite un ou des véhicules. Il peut y avoir plus d'un véhicule, c'est-à-dire qu'il peut y avoir plusieurs supports en même temps dans le même mouvement. Ces microvita aussi, se déplacent par plusieurs supports. Ils se déplacent par l'intermédiaire du son. Les dits virus, d'une personne malade, peuvent se déplacer par le « son » de la per-

---

[1] Voir précision éditoriale p. 169.

sonne. Ils peuvent se déplacer par le toucher, par les formes[1]. Ils peuvent se déplacer dans les fluides et par l'odeur (dans quelques maladies, la maladie se propage par l'odeur de la maladie). Quant aux métavita, [(microvita)] plus subtils, ils peuvent se déplacer par les idées. Une certaine idée peut se répandre de façon accélérée sur une planète donnée, à l'aide de quelques esprits développés du point de vue conceptuel. C'est-à-dire qu'un grand homme à l'esprit fortement développé conceptuellement, peut répandre son point de vue à l'aide de ces microvita sur toute la planète ou, même, partout dans l'univers sur divers corps célestes.

Voyons maintenant quelle est la cause première de l'univers ? Quel est le point de départ de la vie ou de la vitalité ? Ces microvita. Ce sont eux les porteurs de la vie dans les différentes étoiles, planètes et satellites, et non les atomes ou les molécules de carbone Ce sont ces créatures vivantes au mouvement mystérieux qui créent des psychismes et des corps, des corps vivants sur différents corps célestes et y détruisent aussi des psychismes et des corps physiques, des corps développés ou non développés, partout dans l'univers. La vie ne commence donc pas dans le protozoaire unicellulaire ou la simple cellule protoplasmique, mais dans ce simple microvitum.

Il faudrait donc procéder à des recherches approfondies sur ce microvitum, ou ces microvita. Notre tâche est gigantesque et nous devons commencer nos recherches sur ces microvita dès maintenant, sans plus attendre. Faute de quoi, de nombreux problèmes de la société moderne ne se résoudront pas d'une façon souhaitable. La notion juste *(pramá[2])* est un élé-

---

[1] Il est ici fait référence aux « ondes des éléments » *(tanmátra)* saisies par les sens. (ndt)

[2] *Pramá* renvoie à l'équilibre même de la vie dans l'univers. Voir du même auteur, le livre *Pramá* (ndt).

ment essentiel dans le domaine de l'intellect, de l'activité intellectuelle, le travail de recherche sur ces microvita est donc, sur le plus haut plan de l'intelligence, extrêmement nécessaire.

Dans cette recherche, n'oublions pas le fait que ces microvita sont créés dans la phase intérieure, plus exactement la phase de retour [en l'Esprit], de la manifestation. Nous, êtres humains, sommes intellectuellement développés. Je pense, j'espère et je suis même sûr qu'un jour viendra, c'est certain, où l'être humain aura la maîtrise de ces microvita.

Les anciens sages du passé disaient que les structures individuelles ou collectives de ces microvita étaient de sept types, de sept espèces et leur donnaient les noms de : *yakśa, gandharva, vidyádhara, kinnara, siddha, prakrtiliina* et *videhaliina,* selon leur nature plus ou moins subtile ou plus ou moins grossière.

Je pense que grâce à notre méditation/pratique *(sádhaná)* spirituelle, ou plutôt physico-psycho-spirituelle, notre esprit se développera sur tous ses niveaux, et la faculté de conception, la capacité de concevoir, se développera aussi. Avec le développement de cette faculté de conception, nous percerons tous les secrets de ces microvita.

Discours pour « *Renaissance Universal*[1] »
Calcutta, 31 décembre 1986

---

[1] Association d'intellectuels et d'artistes créée par l'auteur pour une renaissance de l'art et de la connaissance « pour le bien et la joie de tous ». (ndt)

Soyez une personne de premier ordre

Il y a trois catégories d'êtres humains.

La première comprend ceux dont les pensées, les paroles et les actes ne font qu'un. C'est-à-dire qu'ils pensent et font ce qu'ils disent. Ce sont des personnes de premier ordre.

La deuxième catégorie comprend ceux dont les pensées et les paroles diffèrent mais qui font ce qu'ils disent. Ils pensent une chose et en disent une autre, mais ils font ce qu'ils ont dit. Ce sont des personnes de deuxième ordre.

La troisième catégorie comprend ceux dont les pensées, les paroles et les actions diffèrent chacune l'une de l'autre. Ces personnes pensent une chose, en disent une autre et font quelque chose d'entièrement différent. Ce sont des personnes de troisième ordre. La plupart des dirigeants d'aujourd'hui entrent dans cette catégorie.

Efforcez-vous de devenir des personnes de premier ordre. Vous devez penser ce que vous dites et faire ce que vous avez dit.

Patna, 7 août 1978

Deuxième partie

Mon Seigneur
(Bandhu Ámár)

Mon Seigneur, mon Ami intérieur,
S'auréole d'une radieuse lumière,
L'oiseau du matin entonne son appel, plein d'une vie qui
s'éveille.
Vers quoi ? À quel cri répond-il ?
Je le cherche jour et nuit,
Dans ces rais d'une lumière nouvelle,
aux vibrantes ailes juvéniles,
Mon Seigneur, mon Ami intérieur, auréolé d'une radieuse
lumière.

Poème bengali[1]
Deoghar, Inde, 20 sept. 1982

Victoire à toi Shiva !
(Jaya Shiva svayambho)

Gloire à toi Shiva, qui t'es toi-même créé, toi le Seigneur de
toutes les créatures animées !
Seigneur primordial, maître sans commencement, qui portes
tes cheveux torsadés[2] sur le dessus de la tête, tu es le témoin de
toutes les psychés, la Connaissance même.

---

[1] Ces poèmes sont en fait le texte de chansons (n°s 6 et 2505) composées par l'auteur et connues sous le nom de *Prabhát Saṁgiit* ; vous pouvez les écouter sur http://anandamarga.free.fr ou http://prabhatasamgiita.net/ ou sur sarkarverse.org. (ndt)

[2] Qui symbolisent le renoncement, étant un signe de deuil. (ndt)

Gloire à toi Shiva, qui t'es toi-même créé, toi le Seigneur de
    toutes les créatures animées !

Venant du monde invisible, résidant dans ce monde tripartite,
tu offres à tous des flots de douceur,
Premier être divin, perpétuel, éternel, l'Ancien,
Je te salue humblement Seigneur, toi le Bienfaisant !

Gloire à toi Shiva, qui t'es toi-même créé, toi le Seigneur de
    toutes les créatures animées !

Seigneur au-delà des qualités, tu les possèdes toutes ; ta qualité
de complet renoncement fait de toi le maître suprême de tout
disciple,
Tu es dans le Temps comme hors du Temps et dans tout ce qui
est rempli de douceur, tu souris,
Ô Seigneur du peuple, tu es le soutien de ce monde tout entier !

Gloire à toi Shiva, qui t'es toi-même créé, toi le Seigneur de
    toutes les créatures animées,
Seigneur primordial, maître sans commencement, qui portes
tes cheveux torsadés sur le dessus de la tête, tu es le témoin de
    toutes les psychés, la Connaissance même !

Gloire à toi Shiva, qui t'es toi-même créé, toi le Seigneur de
    toutes les créatures animées !

Poème sanscrit, Inde, 22/03/1985

Le Nouvel Humanisme et les sentiments humains[1]

L'être humain ne peut atteindre à l'apogée de la piété que s'il adapte son cheminement intérieur à la réalité objective. La piété se développe par diverses expressions psychiques. Voyons ce que sont le cheminement intérieur et le cheminement extérieur [de l'être humain]. Ces deux aspects doivent être parfaitement clairs à tous.

Le mouvement psychique intérieur de l'être humain, sa conscience existentielle, est totalement rythmique. Une partie de ce qui se produit au niveau extérieur, dans l'existence extérieure, s'harmonise avec ce rythme psychique intérieur, une partie non. Quand il y a discordance entre les rythmes intérieur et extérieur, on ressent une certaine souffrance. Vous vous êtes peut-être déjà senti très mal à l'aise avec certaines personnes alors que vous vous sentez tout à fait bien avec d'autres. Lorsque le rythme de votre mouvement dans le monde extérieur, celui de votre mode de vie, s'harmonise avec votre rythme psychique intérieur, vous vous sentez bien, mais s'ils ne s'accordent pas, vous vous sentez mal à l'aise.

Pour progresser au niveau extérieur, il faut des lignes directrices nettes, une base philosophique claire et bien intégrée. Ce que souvent la société ne fournit pas et c'est pour cela qu'on a du mal à garder l'équilibre dans la vie sociale. Lorsque les personnes développées intellectuellement doivent faire face à un milieu peu agréable, elles ont du mal à s'y adapter.

---

[1] Tiré de *Libérer l'intelligence, vers un Nouvel humanisme.*

L'humanité actuelle a sans doute fait des progrès considérables dans le domaine intellectuel mais il y a dans son rapport au monde extérieur un manque d'adaptation. C'est pour cela qu'on trouve aujourd'hui de plus en plus de personnes souffrant de troubles psychiques parmi les gens instruits. Il y a en effet un décalage, non seulement entre les vitesses, mais également entre les rythmes, des mondes extérieur et intérieur. C'est-à-dire que le schème du rythme psychique intérieur est tout à fait différent de celui du rythme physique de ce monde objectif. Le conflit est évidemment inévitable et se ressent beaucoup plus au niveau psychique qu'au niveau physique, faisant perdre aux êtres humains leur équilibre mental.

On a pourtant propagé de nombreuses théories dans ce monde :

Certaines ne se sont intéressées qu'au monde spirituel et pas du tout au côté rationnel du psychisme. La plupart d'entre elles ont été reléguées dans les oubliettes de l'histoire. Il y en a bien eu quelques-unes qui se sont intéressées au domaine psychique, mais elles n'ont pas réussi à améliorer l'équilibre mental de la société et ont été également rejetées.

Quelques autres ont traité du monde physique mais, en dépit des apparences, elles n'étaient pas en accord avec les dures réalités du monde objectif. Satisfaisantes dans l'abstrait, elles étaient coupées de la vie pratique.

D'autres philosophies étaient séduisantes, s'étendant abondamment sur l'égalité entre les hommes, mais se sont révélées inefficaces en pratique : leurs principes fondamentaux étaient en fait contraires aux réalités premières de ce monde.

La diversité est la loi de la nature, il ne peut y avoir une totale égalité.[1]

---

[1] *Ánanda Sútram, 5-8*, précis philosophique de l'auteur. (ndt)

Le monde est diversité, panorama de formes et de rythmes ou de couleurs différents, de diverses variétés et manifestations, ne l'oublions jamais. Si l'exposé superficiel de ces théories a parfois ébloui l'auditeur, elles ne recelaient pourtant aucun dynamisme. L'existence humaine elle est entièrement dynamique. Ce qui a perdu son dynamisme est semblable à une eau stagnante, en l'absence de courant un plan d'eau est invariablement envahi par les mauvaises herbes et devient insalubre, mieux vaut alors le combler. Dans le passé, de nombreuses philosophies ont ainsi fini par enliser l'humanité dans les marécages du dogmatisme où prolifèrent d'innombrables parasites. C'est ce genre de service qu'elles ont rendu à l'humanité. Elles n'ont pas contribué le moins du monde au bien-être de l'être humain.

L'Amour de Dieu est le plus grand et le plus précieux trésor de l'humanité. Il nous faut préserver ce trésor le plus soigneusement possible. De même que l'on pose une protection autour d'une petite plante fragile, il nous faut construire une barrière autour de lui pour le défendre des assauts du matérialisme, car il est comme un tendre bien intérieur. En quoi consiste cette barrière ? En une philosophie appropriée qui établisse une juste harmonie entre les mondes matériel et spirituel, et soit une éternelle source d'inspiration pour la marche en avant de la société.

Appelons le sentiment qui grandit en nous à partir de notre amour pour la terre, la région où nous habitons, attachement territorial ou géo-sentiment. De nombreux sentiments en dérivent : les sentiments géo-patriotiques, géo-économiques et autres sentiments géo-centriques comme la géo-religion. Cet attachement territorial tente de nous restreindre à une partie limitée. Le désir humain le plus profond est pourtant de dépasser toutes limites.

Quel est alors le rôle de l'Amour spirituel, trésor inestimable de l'humanité ? C'est d'amener notre conscience existentielle habituelle à l'état spirituel suprême.

La moindre limitation dans une philosophie matérialiste – ce peut être par exemple l'attachement territorial dont nous parlions – crée obligatoirement un désaccord entre le monde intérieur et le monde extérieur, entraînant inévitablement un déséquilibre psychophysique. l'être humain reste pauvre et démuni.

Ce sentiment territorial a dans le passé beaucoup nui à de nombreux groupes et individus. Les personnes avisées doivent s'en préserver et ne rien soutenir qui repose sur lui car il altère le sentiment d'Amour universel, il dégrade les êtres humains et mine la qualité humaine par excellence.

Plus répandu encore est le sentiment social ou socio-sentiment. Celui-ci ne limite pas les gens à un territoire particulier mais à une collectivité. C'est-à-dire qu'au lieu de se préoccuper du bien-être des habitants d'une zone géographique, on s'intéresse à celui d'une communauté à l'exclusion des autres. Dans ce processus, préoccupé par les intérêts de son groupe, on n'hésite pas à aller à l'encontre des intérêts et de la croissance normale des autres groupes. On peut croire ce sentiment meilleur que le territorial mais il est loin d'être idéal. Il a été la cause de nombreuses effusions de sang, il a créé de multiples divisions et une méfiance mutuelle entre les groupes humains, les séparant les uns des autres et finissant par les amener à un lamentable état d'inertie. L'humanité n'est plus alors un fleuve en mouvement mais une eau stagnante.

Voyons maintenant le sentiment humain. Beaucoup au cours de l'histoire ont versé des larmes sur l'humanité souffrante. Après leurs discours éloquents, ils s'installent à table et s'offrent un repas de poissons fins, comme si ces poissons n'avaient pas eu à souffrir et mourir pour cela. Ce sentiment « humain » a expressément violé les intérêts des créatures non humaines mais leurs instigateurs n'y ont vu aucun mal. J'ai lu qu'un grand saint d'autrefois vivait uniquement de sauterelles trempées dans du miel. Ce saint n'avait pas vraiment réfléchi que la force vitale de l'existence animait aussi ces petites sauterelles. Bien sûr, les êtres humains doivent se comporter de manière rationnelle et préserver leur existence en s'adaptant à leur environnement extérieur. Les êtres vivants, il est vrai, se nourrissent d'autres créatures vivantes et les légumes mêmes que nous mangeons chaque jour sont formés de cellules vivantes[1].

Cet intérêt pour la manifestation vitale qui s'exprime chez les autres créatures humaines a conduit l'être humain à l'humanisme, en a fait un humaniste. Si l'on élargit maintenant ce sentiment humain jusqu'à y inclure toutes les créatures de cet univers, alors, alors seulement, l'existence humaine atteint son but. Il doit y avoir derrière ce sentiment humain, dans cet élargissement de notre amour aux autres êtres de la création, un sentiment qui le fasse rayonner en tous sens et toucher le cœur de chaque créature, les conduisant toutes sans exception vers l'état final de Suprême félicité.

> *Cet univers est tout entier l'extension de Dieu qui est partout. Cette identité doit donc le faire considérer par les sages comme la manifestation même de Dieu.*[2]

Toutes les molécules, tous les atomes, électrons, protons, positons, neutrons sont les expressions d'une même Existence

---

[1] En ce qui concerne la nourriture j'ai exprimé mon opinion dans certains de mes livres [notamment le *Manuel pratique de l'Ánanda Márga (Caryácarya) tome 3* et *Un Guide de conduite humaine, yama niyama les principes moraux et spirituels du yoga,* voir p. 167].

[2] *Vistárah sarva-bhútasya Viśńor vishvam idaṁ jagat, draśťavyam átmavat tasmád abhedena vicakśańaeh. (Vichnou Purâna 1,17.84)*

suprême. Ceux qui se rappellent cette réalité, qui la gardent toujours vivante dans leur cœur, ont atteint la perfection de la vie. Ce sont les véritables adorateurs.

Lorsque ce culte d'Amour ne se limite pas à une simple méthode mais devient un sentiment, une mission d'amour, qu'il s'élève jusqu'à imprégner toutes les pensées, quand l'esprit qui sous-tend l'humanisme s'étend à toutes choses animées ou inanimées de cet univers, j'appelle cela le *Nouvel humanisme*.

Ce Nouvel humanisme élèvera l'humanisme jusqu'à l'universalisme, attitude d'amour pour toutes les créatures de cet univers. La tâche actuelle de l'être humain est donc de continuer son mouvement vers la subjectivité, autrement dit d'avancer psycho-spirituellement vers l'Existence suprême, inspiré par les idéaux néohumanistes. Dans un même temps, il doit s'efforcer de répandre les principes humanistes et établir une structure sociale fondée sur l'universalisme. Si des sentiments étroits comme le géo-sentiment – empêchant l'être humain d'accorder ses rythmes psycho-spirituels intérieurs avec le monde extérieur – continuaient de prévaloir dans la société, l'effet sur celle-ci serait catastrophique.

Nous avons déjà dit que l'Amour spirituel était le plus grand trésor humain. Pour éviter à l'humanité la perte de son plus précieux trésor, nous devons préserver cette richesse. Le monde ne doit pas gâcher les progrès considérables qu'il a accomplis : il ne doit pas permettre maintenant la destruction de son bien le plus précieux. Si nous voyons que la pression des circonstances menace cette essence vitale, invoquons le Suprême : « Ô Être suprême, protège s'il te plaît notre vitalité intérieure de son annihilation, aie assez de bonté pour nous préserver du désespoir de sa perte totale. »

Calcutta, le 21 février 1982.

La nécessité de l'écologie

C'est guidés par un intérêt égoïste que les êtres humains ont négligé l'écologie. Nous ne devrions pas oublier que le ciel, l'air, les collines, les montagnes, les rivières et les forêts, les animaux sauvages, les reptiles, les oiseaux, les poissons, toutes les créatures aquatiques et les plantes sont tous inséparablement reliés les uns aux autres. Les êtres humains sont partie intégrante d'une vaste société commune. Aucun ne peut survivre à la destruction des autres, même les êtres humains. S'ils continuent à détruire les forêts, à tuer les animaux sauvages, à exterminer les poissons et les oiseaux de cette façon insensée, ils ne serviront aucun de leurs buts.

Tout ce qui vient en ce monde doit en repartir, on ne survit sur cette planète qu'une période de temps limitée stipulée par la nature. À cause de la folie des hommes, de nombreuses créatures et choses ne peuvent vivre la période que leur a fixé la nature. Ils sont engloutis dans l'éternité avant leur temps. Les êtres humains ont par leur extrême folie annihilé de nombreuses choses et préparent ainsi leurs propres funérailles. Une telle folie de leur part est insupportable. Les êtres humains doivent à partir de maintenant être prudents, ils doivent restructurer leurs pensées, plans et activités en fonction des dictats de l'écologie. Il n'y a pas d'alternative.

17 Juin 1984, Calcutta

Soyez résolu

Sur l'octuple voie de la béatitude proposée par Bouddha, le premier point est *samyak saṁkalpa* : une juste résolution. Il ne peut y avoir de mouvement juste sans idée juste, sans juste destination. Pour qu'il y ait progrès, qu'il y ait un juste mouvement, la conception juste (de son but) et la détermination (à l'atteindre) sont nécessaires. Décider de son but avec la ferme résolution de l'atteindre, c'est cela le *saṁkalpa*.

Lorsque Bouddha s'assit tout d'abord en méditation, il n'avait pas arrêté son but. Il y avait en lui des doutes et de la confusion. Il n'était pas sûr de ce qu'il voulait. Quoi qu'il voulait, il n'était donc pas certain de l'obtenir. Mais par la suite, lorsque après avoir mangé le riz au lait que lui avait préparé Sujâtâ[1] Bouddha s'assit en contemplation, il prit une résolution *(saṁkalpa)* absolue. Il décida de son but et se détermina à l'atteindre absolument : il résolut de ne pas se lever de sa contemplation tant qu'il n'aurait pas atteint à la connaissance spirituelle, même si son corps devait en périr. Il réussit alors à atteindre son but.

C'est la force de sa résolution qui fait la grandeur d'une personne. Aussi modeste que soit une personne, elle peut s'élever par sa détermination. Si vous êtes fermement décidé à atteindre votre but, vous deviendrez grand. On ne parvient à rien sans solide résolution.

Patna, 29 août 1978

---

[1] Un moment important, retracé en tant que tel dans les annales du bouddhisme. (ndt)

Dieu et les plans d'existence

La pratique spirituelle s'articule, du début à la fin, sur un point qui est la sainteté et la pureté du réceptacle[1] *(ádhára)*. Seul celui-ci est responsable des privations et des afflictions de l'être humain. Si le réceptacle est sain et solide, les privations ne sont pas des privations et les afflictions ne sont pas des afflictions.

Tout objet délimité a un substrat/un réceptacle *(ádhára)* qui permet de le distinguer d'un autre. Il n'y a pas deux êtres vivants qui aient le même. Chaque être vivant sélectionne pour son existence un réceptacle distinct en Dieu infini, selon ses élans réactionnels *(saṁskáras)*[2]. L'être vivant obtenant ce substrat du psychisme divin, il est le fils mental de Dieu. Or le psychisme divin naît de l'action de la Force créatrice sur l'Esprit, le corps de l'être vivant est donc une création de la Force créatrice et de ce fait soumis à ses lois. Dieu infini ne requiert pas de corps physique, son corps est mental, c'est ce qui n'est pas infini qui requiert d'être contenu.

La Force créatrice *(Prakrti)* combine trois aspects : ses tendances consciente, active et statique[3] qui la caractérisent. Ce sont ces tendances, qui en agissant sur l'Esprit *(Puruśa)*, confèrent à celui-ci le sentiment d'exister, celui d'agir et celui d'être l'objet. Qu'une seule des tendances de la Force agisse sur l'Esprit ne permet pas qu'il y ait transformation. Les transfor-

---

[1] Le réceptacle (de l'âme) désigne ici le corps et les couches ou plans psychiques : les *kośa* (« fourreau »/« enveloppe ») (l'enveloppe corporelle et les différents niveaux psychiques). (ndt).
[2] Le mot *káya*/« corps » – formé sur la racine verbale *ci* [collecter, rassembler, etc.] par l'opérateur suffixal *ghaiṇ* – signifie « ce qu'on a collecté ».
[3] Les *guṅa sattva, rajah et tamah.*

mations [constantes dans cet univers] montrent que partout ce n'est pas qu'une seule tendance qui agit[1].

Dans **ce monde physique** formé des cinq éléments, l'inertie domine : l'influence de la tendance statique *(tamoguńa)* y est la plus forte.

Les tendances de la Force sont cependant indubitablement toutes les trois présentes dans le corps physique, et dans le corps mental. Dieu lui n'a qu'un corps mental dont le monde physique visible tout autour de nous qu'il a créé est la manifestation tangible/grossière. Nulle part n'est présente qu'une seule des tendances, les trois sont partout, mais plus ou moins selon l'endroit.

Ce monde terrestre/physique est caractérisé par l'inerte/la matérialité, c'est donc la tendance statique de la Force qui y domine, l'active y est moyennement présente et la consciente latente. Nous appelons cette expression mentale la plus grossière de Dieu *bhúr loka* en sanscrit.

Le monde physique est le plus grossier des sept plans divins.

Vient ensuite **le monde physico-psychique** *(bhuvar loka)* où c'est toujours la tendance statique qui domine, mais ici la tendance active est négligeable et la tendance consciente moyenne.

En l'être humain le psychisme est ce qui pense, ressent, se remémore et différencie le supérieur de l'inférieur : *C'est le psychisme qui agit....*[2]

Le monde physico-psychique correspond au niveau psychique en relation avec le fonctionnement corporel. Là, vibrent, se manifestent, les propensions naturelles tels la faim, la

---

[1] Voir le chapitre deux pour une explication détaillée de la nature et du fonctionnement des trois tendances de la Force créatrice. (ndt)

[2] *Manah karoti karmáńi... (Rudrayámala Tantra, uttara-khańda 22-36)*

soif, le sommeil, l'endormissement, etc. liées au corps. C'est de cette sphère – le *bhuvar loka* – que vient la partie la plus grossière du psychisme de l'être vivant qu'est le plan sensori-désirant[1]. Dieu n'ayant pas de corps physique, il n'a pas de tel plan dont le but est de faire fonctionner un corps physique. Est toutefois créé, dans la manifestation mentale divine, le monde physico-psychique, en tant que niveau précédant le développement du monde physique, manifestation la plus grossière du psychisme divin[2]. Par le monde physico-psychique, Dieu jouit intérieurement de sa création mentale, ce monde physique.

Le monde « céleste » *(svar loka)* est le **monde mental** *(manomaya)*. C'est sur ce plan que l'être humain éprouve le plaisir et la souffrance[3], et comme c'est mentalement qu'on jouit des plaisirs et des souffrances, on appelle ce plan monde mental. Les élans réactionnels *(saṁskára)* sont présents dans ce monde ou plan mental où la tendance active domine, la tendance statique s'exerce moyennement et la tendance consciente faiblement.

Les élans réactionnels naissent de ce plan[4].

Le *mahar*[5] *loka*, appelé aussi **monde supramental** *(ati-mánasa loka)* en sanscrit.

---

[1] *(Káma-deha* ou *kámamaya-kośa)* littéralement : corps « des désirs » ou encore « des objets du désir », c'est le psychisme sensoriel et moteur. (ndt)

[2] Voir schéma p. 89. (ndt)

[3] *Svar loka* est en sanscrit synonyme de *svarga* [ciel]. Ceux qui jouissent des plaisirs terrestres accomplissent des actions vertueuses parce qu'ils espèrent aller à ce ciel/paradis temporaire après leur mort. (C'est une croyance populaire en Inde parmi les chrétiens, les musulmans et les hindous ritualistes de penser que l'on profite du fruit de ses actes vertueux sur ce plan.)

[4] C'est en effet l'intention – expression mentale – présidant à l'action, et le vécu mental associé à l'action, qui sont à la source de la formation des élans réactionnels individuels. (ndt)

[5] *Mahar* a plusieurs significations, notamment grandeur, joie et lumière. (ndt)

Ici c'est toujours la tendance active qui domine, mais la tendance statique n'est presque pas présente, et la tendance consciente l'y est moyennement.

C'est sur ce plan qu'un élan réactionnel commence tout d'abord à s'exprimer, conduisant le psychisme humain à goûter au fruit de son acte. Cette première vibration des réactions potentielles accumulées se manifeste sur ce plan. Supposons qu'une personne doive visiter un endroit où sévit le choléra. Avant même qu'elle ne s'y rende, un murmure mental lui dit qu'elle sera atteinte du choléra. Telle est la fonction du plan supramental. Peu de temps après son arrivée, elle attrape effectivement la maladie. Les premières aspirations spirituelles ou les vibrations d'un fort désir naissent également sur ce plan. C'est ici que l'inspiration de l'âme se met tout d'abord en action. C'est pourquoi l'élan pour la pratique spirituelle, spécifique à chacun, commence à se développer sur ce plan.

Le *janar loka*[1] ou **sphère subliminale** : ce plan est aussi dit « du jugement » *(vijiṇána-maya)*. La conscience, le discernement et l'abnégation y dominent. Ces qualités présentes parfois aussi chez des personnes recherchant les plaisirs y sont alors cependant empêchées de s'exprimer à cause de la prédominance des plans physique, physico-psychique *(bhúr, bhuvah)*, etc.

Dans le monde subliminal, c'est la tendance consciente la plus présente, la tendance active est présente de façon négligeable, et la statique moyennement présente.

Le *tapar loka* [« sphère issue des austérités »], appelé aussi « **monde doré** » *(hiraṅmaya*[2] *loka)*[3].

---

[1] Monde « de l'être humain ». (ndt)
[2] Ou *hiraṅyamaya*. (ndt)
[3] Il n'y a pas de correspondants anglais pour les noms des plans au-delà du *janarloka*.

La tendance consciente est la plus présente, la statique très peu présente et l'active moyennement.

On est là dans un état non manifesté de la conscience, le je existentiel (le je du « je suis ») ne se manifeste même pas, il n'est qu'à l'état latent.

Satya loka – le monde de la Vérité absolue

Les trois tendances y sont également présentes mais ne se manifestent pas.

Ici l'Esprit domine, lui seul se manifeste en ce monde. La Vérité éternelle *(Satya loka)* est l'état dénué d'expression des tendances/l'état de transcendance absolue *(nirguńa)*.

L'univers manifesté comporte sept plans. Mis à part celui de la Vérité absolue, dans les six autres les trois tendances se manifestent.

Tout être vivant a besoin d'un contenant. En son absence, il s'unifie à l'océan divin. Quand il n'y a plus de contenant physique pour l'incarner, l'être vivant s'unifie à Dieu[1].

En l'absence du corps [physique], les élans réactionnels restent avec l'âme. De quelle manière ? [Dans] le plan doré *(hirańmaya)*, le corps [psychique] le plus subtil de l'être humain.

Les êtres vivants tirent leur **corps physique** du monde physique, là où domine la tendance statique[2]. Comme il se construit par l'alimentation, on l'appelle aussi l'enveloppe « faite à partir de nourriture » *(annamaya)* en sanscrit.

---

[1] C'est de même que pour un bol d'eau flottant dans une mare. Tant qu'il y a le bol, l'eau du bol existe aussi, mais si l'on retire le bol, l'eau contenue dans le bol se mêle à celle de la mare. Le bol était le contenant de cette eau. C'est seulement après qu'on a retiré le bol, que l'eau qu'il contenait s'est mêlée à l'eau de la mare.

[2] Où la tendance active s'exprime moyennement et la tendance consciente est négligeable.

Derrière l'enveloppe corporelle agit un psychisme créé par [le monde physico-psychique de Dieu :] **le plan sensori-désirant** *(kámamaya)*, là domine toujours la tendance statique[1].

Derrière le plan sensori-désirant, il y a ce qu'on appelle de façon générale psychisme : **le corps intellectuel/mental** *(manomaya)*, créé par le monde mental de Dieu, la sphère céleste. Ici, la tendance active domine[2].

Derrière ce psychisme vient le plan ou **corps[3] supramental** *(atimánasa)* de l'être humain, créé à partir du monde supramental/le *mahar loka*, la tendance active y domine encore[4].

Le plan subliminal – *vijiṇána-maya* – ; nous avons là la présence d'élans réactionnels *(saṁskára)*. La tendance consciente domine ici[5]. Ce corps mental dit « de la juste connaissance[6] » *(vijiṇána)* correspond à la sphère divine *janar*.

Le psychisme « doré » *(hiraṅmaya)*, il correspond au *tapar loka* [« sphère issue des austérités »]. La tendance consciente domine toujours ici[7]. *Hiraṅmaya*[8] signifie « d'or » ou « doré ».

[Au-delà du psychisme se trouve :]

Le plan de la Vérité éternelle *(Satya loka)* qui est l'état où l'on ne perçoit rien d'autre que la Vérité absolue. On ne ressent sur ce plan aucune dualité issue d'une transformation d'un état grossier, d'une dégénérescence.

---

[1] La tendance active est là négligeable et la tendance consciente moyenne.

[2] La tendance statique est moyenne et la tendance consciente négligeable.

[3] *(Sattá, deha ou kośa)*. Le *kośa* désigne un corps *(deha)* [physique ou psychique pour un individu]. Les corps *(kośa)* sont dans les sphères d'existence.

[4] La tendance statique y est négligeable et la tendance consciente moyennement présente.

[5] la statique y est moyenne et l'active négligeable

[6] Du jugement, de la conscience (le discernement). (ndt)

[7] La tendance statique y est négligeable et la tendance active moyenne.

[8] = *hiraṅya-maya* ; *hiraṅya* signifie « or », *-maya*, « fait de ». (ndt)

L'âme de l'individu se situe sur ce plan béatifique de la Vérité éternelle, qui est au-dessus de l'enveloppe *(kośa)* dorée.

Dieu pur et sans divisions se trouve au-delà de l'enveloppe d'or. Il est la clarté, lumière des lumières, que ceux qui connaissent l'âme perçoivent.[1]

(Muṅḍaka Upaniśad)

Dieu se manifeste sous la forme de sept plans sous l'action de la Force opératrice. Ce qui signifie que c'est la création en Dieu du principe mental *(mahat-tattva)*, etc.[2] [l'expression psychique de Dieu, autrement dit le Macrocosme] qui a permis cette manifestation à sept niveaux *(loka)*.

L'être individuel *(jiivátman)* constitue son corps physique, son enveloppe charnelle, en accord avec ses élans réactionnels, à partir des cinq éléments de la matière, manifestation la plus grossière du psychisme divin. À l'aide de cette enveloppe corporelle et de ses sens et facultés motrices, cet être individuel recherche, par la jouissance des objets du monde extérieur, le bonheur.

Il n'existe pourtant en réalité qu'une seule et indivise entité. L'être individuel et Dieu *(Paramátman)* ne se différencient que par leur « qualité distinctive » *(upádhi)*.

Là où Dieu est doté de la qualité distinctive du je existentiel *(mahat)* ou du je agissant *(aham)* universels, on parle d'Être suprême *(parama brahma)*, et là où il a pour qualité distinctive un corps physique conforme à des élans réactionnels, on parle d'être individuel :

Ce qui différencie les deux [Dieu et l'individu] est leur qualité distinctive. Cette qualité distinctive n'est pas substantielle[3]. Comprends que le Macrocosme[1] vient de

---

[1] *Hirańmaye pare koshe virajaḿ Brahma niśkalam,*
Tac chubhraḿ jyotiśáḿ jyotis tad yad átmavido viduh. (2,2,10)
[2] Le moi *(ahaḿtattva)* et le substrat mental/je objectivé *(citta)*.. (ndt)
[3] C'est-à-dire qu'il ne constitue pas l'essence de l'être. (ndt)

l'action de la Force créatrice primordiale sur Dieu tandis que les cinq enveloppes corporelle et psychiques[2] sont l'expression d'une individualité.[3]

(Viveka-cúdámani[4])

La pratique spirituelle apprend à s'établir au-delà de cette différence due à la qualité distinctive/l'attribut propre *(upádhi)*.

Rejetez les attributs qualifiant l'Être suprême comme tel et l'être individuel comme tel et il n'y aura plus ni Être suprême ni être individuel. Ôtez son royaume au roi et son gourdin au lutteur et il n'y a plus ni roi ni lutteur.[5]   *(Viveka-cúdámani)*

Ce sont les attributs royaux qui désignent le roi, et le gourdin qui désigne le lutteur. Prenons Vishwanâth par exemple, il sera acclamé comme le roi s'il porte les insignes royaux tandis qu'on le prendra pour un lutteur s'il tient un gourdin. Il reste pourtant le même quand on lui ôte les insignes royaux et le gourdin.

Ce qui différencie l'être individuel *(jiiva)* et l'Être suprême *(Paramátman)* est de même leur attribut propre *(upádhi)*. En éliminant cette différence liée aux attributs propres[6], l'individu se fond en Dieu, atteignant à sa véritable nature.

Notre véritable identité est la Vérité absolue *(Satya)* qui se trouve là où il n'y a pas la dégradation d'une condition contingente *(upádhi)*. La pratique spirituelle vise cette véritable identité : elle consiste à faire se révéler la Véritable Réalité *(Satya)*

---

[1] « Le *mahat*, etc. »

[2] Les *painca kośa*. (ndt)

[3] *Tayor virodho 'yam upádhi-kalpito na vástavah kashcid upádhir eśah ;*
Iishádyamáyá mahad-ádi–káranam jiivasya káryam shrnu painca-kośam.

[4] *(243 (246))* ; « *Le Meilleur du discernement* », fameux ouvrage de l'école non-dualiste. (ndt)

[5] *Etáv upádhii Para-jiivayos tayoh samyaun-niráse na Paro na jiivah,*
Rájyam Narendrasya bhatasya khetakas tayor apohe na bhato na rájá.
(244 (247))

[6] C'est-à-dire en se débarrassant de tout attribut. (ndt)

en mettant à bas ce qui n'est pas elle. Les sphères d'existence *(loka)* et les plans de conscience *(kośa)* sont tous un état « corrompu » [de l'Esprit], non la Vérité absolue *(Satya)*. Celle-ci est immuable, si elle variait, elle ne serait plus absolue. Elle est cela seul qui ne varie pas. Elle demeure dans un état inaltéré de tout temps : passé, présent et futur. Étant de tout temps immuable, elle est non seulement au-delà de l'emprise du temps mais aussi du lieu et de la personne/l'objet. Il n'y a aucune différence en elle, pas même différentes parties en son propre être. Dieu et la Vérité éternelle sont une seule et même entité, indivisible, continue et immuable. Aucune différentiation n'est présente dans la Vérité absolue. Peut-il alors y avoir la moindre différence entre elle et des objets extérieurs ? Non, car elle ne peut entretenir la moindre différence, telle une différence intérieur/extérieur. Rien ne peut exister en dehors de cet Absolu, autrement il y aurait différence. Au-delà de lui, il n'y a pas d'existence. Ce qui est sans division/continu et qui n'est pas un fragment ne peut avoir de frontière. Tout objet comparable se trouve donc à l'intérieur de lui. Il ne peut y avoir de différence dans ce qui est Vérité absolue, que la différence soit intra-espèce, inter-espèces ou entre différentes parties d'un même corps. Si un manguier était la vérité absolue, qu'en serait-il des autres espèces de ce monde ? Aucun manguier n'est donc pas la vérité absolue puisqu'il diffère des autres espèces de manguiers (les *bambái*, les *kiśenbhoga*, etc.) Il a de plus des différences dans sa propre forme : les feuilles, les bourgeons, les fruits, etc. diffèrent les uns des autres. Il n'est donc pas une vérité absolue mais une vérité relative.

Une vérité relative dépend du moment, du lieu et de la personne. De loin, la lune semble avoir la taille d'une assiette mais si l'on s'en rapproche, elle devient de plus en plus grosse. Quelle est alors sa taille ? La taille est une fonction spatiale, elle n'est donc pas absolue mais relative. Si la route la plus courte pour aller de Bhagalpour à Monghyr se trouve à l'ouest, on peut cependant atteindre Monghyr en partant à l'est si l'on fait le tour de la terre ! La distance dépendant de la direction, peut-on parler de vérité absolue ? Un homme souffrant de jaunisse verra du jaune dans tout ce qu'il regarde, alors qu'une personne normale verra toute chose de ses vraies couleurs. Cela dépend de la personne et n'est donc pas absolu. On voit ainsi que la distance et la personne ne sont pas des vérités éternelles.

Voyons maintenant le facteur temps. Dans quelle mesure peut-on parler de la réalité d'un évènement historique ? Supposons que la bataille du Mahâbhârata ait eu lieu il y a 3253 ans. C'est un fait établi que nous voyons les choses grâce à la lumière. Nous ne voyons que les étoiles dont les rayons lumineux arrivent jusqu'à nous. Supposons maintenant que les ondes lumineuses de l'époque du Mahâbhârata mettent 3253 ans plus 800 ans pour atteindre une certaine planète. Si aujourd'hui, sur cette planète, quelqu'un prend un télescope pour observer la terre que verra-t-il ? Il verra que le Mahâbhârata n'a pas encore eu lieu ici. Pour lui il se produira dans huit cents ans, c'est après cette période qu'il verra vraiment la guerre du Mahâbhârata se produire. Ce qui est le passé de l'un est le présent d'un autre et encore l'avenir d'un troisième. Toutes ces choses sont des vérités relatives. On peut dire la même chose du son. Si l'on parle fort, une personne normale peut avoir l'impression qu'on crie tandis qu'une personne malentendante dira qu'on parle tout bas.

[Les plans d'existence] sont le physique, le sensori-désirant, le mental, le supramental, le subliminal, le doré et finalement la Vérité éternelle[1]. Lorsqu'on s'établit dans cette Vérité absolue, l'on accède à la connaissance des trois temps

---

[1] *Annamaya, kámamaya, manomaya, atimánasa, vijiṇánamaya, hiraṅyamaya* et *Satya*.

[(passé, présent et futur)], et finalement de la Vérité elle-même, de Dieu. Plus rien alors n'est inharmonieux. Il est bien sûr difficile de s'établir en Dieu, mais une fois établi en Dieu, on est libéré de toute disharmonie.

L'être humain peut atteindre à la connaissance du passé, du présent et du futur en allant au-delà du psychisme grâce à la pratique spirituelle. S'il faut supprimer le psychisme, c'est à cause de sa nature relative, qui s'oppose à la connaissance absolue.

Dès qu'il y a action, il y a mouvement. Le temps est la mesure mentale de ce mouvement. En l'absence d'action, le psychisme n'est plus, il n'y a donc pas non plus de temps : une personne inconsciente pendant trois heures n'a pas idée du temps écoulé. L'action et le psychisme étant des vérités relatives, le temps aussi est relatif. Il dépend de l'espace et de la personne, tout comme l'espace et la personne dépendent de lui. On ne peut donc pas dire le temps éternel et ininterrompu puisqu'il ne peut exister en dehors de l'espace et de la personne.

L'être humain retire ou s'efforce de retirer du plaisir des objets, petits ou grands, mais il ne peut obtenir la béatitude éternelle d'une vérité relative. C'est pour cela que les sages se consacrent à l'Entité au-delà du temps.

Le corps et le psychisme sont soumis aux limitations temporelles, il est donc insensé de les suivre. Il est bien sûr juste d'en prendre soin, mais l'on ne doit pas s'y consacrer. L'on doit, par sa pratique spirituelle *(sádhaná)*, s'établir en l'Éternel.

Grand rassemblement spirituel *(DMC)*,
[Pleine lune] *Ánanda púrńimá*, 6 mai 1955

Dieu/le macrocosme	tendance (*guńa*)			**Le microcosme**
monde (*loka*)	cons-ciente	active	stati-que	**enveloppe psychique ou physique** (*kośa*)
de la Vérité – *Satya*		Au-delà du psychisme		
doré – *Tapah*	***	**	*	dorée – *hirańmaya*
subliminal – *Janah*	***	*	**	subliminale – *vijińánamaya*
supramental – *Mahar*	**	***	*	supramentale – *atimánasa*
mental – *Svar*	*	***	**	mentale – *manomaya*
physico-psychique – *Bhuvah*	**	*	***	sensori-désirante – *kámamaya*
physique – *Bhúr*	*	**	***	corporelle – *annamaya*

Encourager l'excellence humaine chez tous

Je vous ai déjà dit que les êtres humains n'utilisent qu'une toute petite partie de leurs facultés. En réalité, pas même un pour cent de celles-ci. Les grands personnages eux-mêmes n'utilisent souvent qu'un dixième de leur capacité. En clair, quatre-vingt dix pour cent des potentialités humaines sont négligées. Les personnes de nature peu subtile négligent totalement leurs capacités mentales et spirituelles. Elles perdent leur temps dans des activités frivoles et même lorsqu'elles s'adonnent à des activités qui en valent la peine n'utilisent qu'une infime partie de leurs capacités.

Pourquoi les êtres humains n'utilisent-ils pas toute leur capacité ? Parce qu'ils ne savent pas s'en servir. Ils sont aussi souvent paresseux, mentalement et spirituellement. Ils manquent d'énergie mentale quand il s'agit d'utiliser leurs possibilités mentales, et d'énergie spirituelle quand il s'agit d'utiliser leur potentiel spirituel. Certains se demandent parfois dès l'adolescence comment faire une pleine utilisation de leurs facultés mentales et envisagent même de consacrer leur vie à la recherche spirituelle. Ils y renoncent malheureusement par inertie et négligent ainsi leurs facultés qui déclinent peu à peu.

Même les personnes que la société reconnaît comme extraordinaires n'utilisent à peine que dix pour cent de leurs facultés intellectuelles et spirituelles, c'est grandement regrettable. Plus regrettable encore est que certains n'ont même pas le désir d'utiliser pleinement leurs facultés. Ce qui est de plus véritablement désolant est que ceux qui se refusent à faire quelque chose en empêchent également les autres. Ils ne veulent pas qu'un autre qu'eux réussisse dans la vie. Cette mentalité déplorable est vraiment néfaste. Vous avez tous déjà rencontré ce genre de personne. Prenez par exemple quelqu'un qui a le teint très sombre. Si ses camarades d'école et même ses maîtres se moquent de lui en l'appelant « le négro », cela le déprime naturellement et bloque ainsi indirectement le développement de ses facultés. Il se met à penser qu'il est inférieur, laid, etc. Pareillement, si le voisinage d'une personne appartenant à une famille de caste prétendue basse la méprise, fait des commentaires sur sa « basse » extraction et se moque de son désir d'instruction, cette personne en est bien évidemment affectée et cela empêche ses progrès. De la même manière, des gens pauvres sont exploités et tourmentés par les riches : quand un garçon pauvre et méritant réussit à l'école, les envieux lui jettent à la figure ce genre de commentaires : « Pourquoi te donner tout ce mal ? Tu ferais mieux de chercher un travail de domestique ! »

C'est ainsi que de nombreuses personnes de talent ont été rejetées et leur talent gaspillé. La société se rend là coupable d'une négligence flagrante qui n'est pas simplement triste et déplorable mais qui est un exemple frappant d'oppression, d'interdiction, de répression et d'exploitation. De nombreuses personnes de génie ont été ainsi rejetées dans l'oubli à cause de cette exploitation intellectuelle. Je vous engage à vous opposer à cette exploitation.

Déjà quand une personne utilise le dixième de ses facultés, on la reconnaît comme une grande personnalité, imaginez alors ce que cela serait si quelqu'un utilisait cent pour cent de ses facultés.

Comme je vous le disais, la raison première derrière ce gaspillage de faculté est l'ignorance de la voie juste, la deuxième est l'inertie, et la troisième est qu'alors même que quelqu'un sait comment faire un plein usage de ses capacités et qu'il ne manque pas d'énergie pour cela, il y échoue si on le soumet à une trop forte pression intellectuelle ou sociale. Cela le retarde. Cette exploitation socio-intellectuelle est donc grandement dommageable, vous devez vous y opposer.

De nombreuses personnes ont tendance à mal agir dans la vie. Si vous ne cessez de leur dire qu'ils agissent mal, qu'ils sont fautifs, cette notion s'imprime en eux et ils se mettent à penser : « Je suis mauvais, je ne vaux rien, je ne ferai jamais rien de bon, etc. » C'est pourquoi évitez d'agir ainsi, efforcez-vous au contraire de voir chez les autres leurs bonnes qualités et d'en faire l'éloge. C'est ce qui les encourage à prendre la bonne voie : voyant que quelqu'un dans ce monde apprécie leurs qualités, cela les incite à s'intéresser aux aspects nobles de la vie. Ils pensent plus à leurs qualités et moins à leurs faiblesses, leurs bonnes intentions prennent alors le pas sur leurs mauvaises, permettant la diminution de celles-ci. Finalement, s'ils ne pensent plus qu'à de bonnes actions, ils n'agissent plus mal. C'est pourquoi je vous dis : N'hésitez pas à encourager autrui en faisant cas de ses qualités, c'est un moyen en or pour corriger le caractère des personnes que l'on dit pécheresses et criminelles. Si vous méprisez celui qui agit mal, vous l'empêchez de s'améliorer et il agit de plus en plus mal. Si vous lui répétez toujours qu'il est un criminel et que vous lui infligez un châtiment social, il s'endurcit dans sa mauvaise voie. Or même les criminels les plus endurcis ont des qualités. Si vous les appréciez et le leur dites, cela les incite à suivre une meilleure voie, amenant un changement dans leur vie. C'est exactement ainsi qu'il faut agir pour réformer quelqu'un. Si, à cause de ses mauvaises actions, on le rejette avec hostilité ou on ne cesse de le critiquer, il renonce à cultiver ses qualités intérieures et s'acharne dans la mauvaise voie, devenant un jour une charge pour la société.

Malheureusement, à cause de leur ignorance monumentale de la psychologie humaine de base, la plupart des gens encouragent carrément ceux qui agissent mal à poursuivre sur la voie du vice. Méprisés, délaissés, accablés par les coups successifs, certains d'entre eux finissent par se dire : « Maintenant que j'ai commencé à suivre la voie du vice, maintenant que je suis tombé si bas, j'irai jusqu'au bout ! » Donc, même inconsciemment, vous ne devez rien faire qui aille à l'encontre de la psychologie humaine de base. Vous devez même veiller à ce que personne ne le fasse. Si les personnes que l'on dit mauvaises sont réprimandées en permanence, cela les empêche de se corriger. C'est en suscitant en elles une attirance indirecte pour le Suprême que même les plus mauvaises se réformeront. Efforcez-vous d'amener les faibles à la vertu. Vous verrez qu'eux aussi ressentiront une attirance pour l'Être suprême. Vous devez les encourager immédiatement à développer les qualités nobles qui dorment en eux. C'est la véritable approche psychologique, le juste moyen de réforme.

Considérons d'une part l'attirance pour le Suprême et d'autre part la pression sociale. C'est à cause de cette attirance vers l'Être absolu que l'on devient moral. Sous la pression collective, nos vertus intérieures s'expriment. Par pression collective, on entend ici non pas mettre quelqu'un au ban de la société ou lui couper l'eau, l'électricité ou autre nécessité de base, ce qui n'est qu'une perte de temps qui ne fait que renforcer la détermination du « malfaiteur » à mal agir. Ce n'est pas ainsi que l'on doit faire agir la pression sociale. Une juste pression sociale va chercher les nobles qualités chez quelqu'un, les met en valeur et, enfin, l'aide à apporter un changement dans sa vie.

Les êtres humains n'ont en fait qu'une seule tâche, chasser impitoyablement ce qui les dégrade. Dans votre propre cheminement, face à ceux qui, nuisant à l'intérêt général, s'opposent à vous, brandissez ce mot d'ordre : « Halte à l'exploitation humaine ! »

Patna, le 4 janvier 1979

Prendre refuge en Dieu

Les Védas disent que Dieu doit être le seul objet de notre pensée et les Tantras disent de même. Le *[Mahánirváńa] Tantra* dit :

À Dieu seul nous pensons, son Nom seul nous répétons. À Dieu seul, qui contemple l'univers, nous nous soumettons. En lui seul, Dernière demeure, Souveraineté indépendante, Vaisseau sur l'océan des existences temporelles, nous prenons refuge.[1]

Tud ekaṁ japámah [son Nom seul nous récitons] signife qu'en pratiquant la récitation méditative *(japa-kriya),* Dieu seul doit être l'objet de notre pratique. En quoi consiste la récitation méditative ? En une suggestion intérieure ou extro-intérieure, une autosuggestion. Que se produit-il par cette suggestion intérieure ou extro-intérieure, cette autosuggestion ?

Le mouvement des propensions, [généralement] intro-externe, se rétracte, s'inversant pour se diriger vers Dieu seul, et la structure ectoplasmique du psychisme [continuant à se contracter] se pulvérise encore plus, jusqu'à s'unifier au Principe spirituel.

Tad[2] ekaṁ smarámah [Dieu seul nous nous remémorons (À Dieu seul nous pensons).] Qu'est-ce que le souvenir

---

[1] *Tad ekaṁ japámah, Tad ekaṁ smarámah ; Tad ekaṁ jagat-sákṣiirúpaṁ namámah. Tad ekaṁ nidhánaṁ nirálambam iisham, Bhavámbhodhipotaṁ sharańaṁ vrajámah. (III, 63)*

[2] En sanscrit *tat* est à la fois pronom personnel, pronom démonstratif et signifie aussi Dieu (ndt)

(smrti) ? *[Le souvenir est la recréation mentale de choses déjà perçues,* disent les *Yoga-Sûtra] – Anubhúta-viśayásampramośah smrtih[1].* Que se passe-t-il lorsque vous percevez quelque chose par vos sens ? La structure ectoplasmique de votre psychisme prend la forme de l'objet. Le rappel en mémoire *(smrti)* est le processus de re-création que vous effectuez quand, par la suite, vous recréez dans votre pensée, à l'aide de votre force intérieure, cet objet. Supposons qu'il y a dix ans, vous ayez vu un buffle ou un autre animal et que vous le recréiez maintenant, le recréiez en pensée. Ce processus est le souvenir *(smrti). Asampramośa* signife « recréer des choses déjà perçues ». Comment cela s'effectue-t-il ? Inconsciemment ou consciemment, en fonction de vos propensions favorites, vous créez de nombreux objets intérieurs qui satisfont l'aspiration de cette propension particulière. Imaginons que vous aimiez vraiment manger des *rasagolla[2]*. Il se peut que vous pensiez à des rassagollas. Consciemment ou inconsciemment, la pensée de rassagollas vous vient souvent à l'esprit. Dans votre méditation spirituelle *(sádhaná),* cette pensée vous vient automatiquement et perturbe votre méditation. Supposons maintenant que vous pensiez à accepter le dessous-de-table qu'on vous a proposé. À quoi pensez-vous pendant votre méditation spirituelle ? « Dessous-de-table, dessous-de-table, dessous-de-table, dessous-de-table ». Voyez : l'énergie de vos propensions se canalise vers le dessous-de-table et perturbe « l'engramme mnémonique » [spirituel] *(smrti)* que vous vous efforcez de développer. C'est le manque de sérénité de votre esprit, durant votre méditation, qui permet à ces éléments indésirables d'engendrer en lui une agitation.

---

[1] Patañjali, *Yoga-sútra I,11* (ndt)
[2] Une délicate pâtisserie indienne. (ndt)

Tad ekaṁ smaránah [À Dieu seul nous pensons] : Ce qui est dit ici, c'est que si vous devez créer en pensée un objet, que ce soit seulement Dieu, pas un autre objet.

Tad ekaṁ nidhánaṁ nir-álambam iisham [En Lui seul, Dernière demeure, souveraineté indépendante.] Dès qu'il y a une existence, il y a mouvement et il doit y avoir un but, un point terminal. Dans cet univers, tout se meut. Vous aussi vous vous mouvez physiquement, mentalement et spirituellement. Ce qui est dit ici c'est que dans votre mouvement vous devez avoir un but, une finalité à l'ensemble de votre triple mouvement et Dieu est ce point culminant, ce point terminal. Il est le But suprême.

Álamba signifie « contenant physique », support ; *álamba* peut cependant aussi être pris au sens mental et nous avons alors pour cela un mot sanscrit spécifique : *ábhoga* [qui désigne un objet de la pensée]. Nulle entité, physique ou psychique, ne peut continuer d'exister sans contenant physique ou support mental [*ábhoga*]. Dieu lui ne requiert aucun contenant *(álamba),* aucun support *(ábhoga).* C'est pourquoi il est *nirálamba* [indépendant] – sans contenant. Il est le but, le desideratum, [la dernière demeure,] lui n'en requiert aucune.

Bhavámbhodhi-potaṁ sharaṅaṁ vrajámah. [Nous prenons refuge dans son vaisseau parcourant l'océan des existences.] Il est tel un grand navire traversant un vaste océan d'existences temporelles *(bhava[1]).* Qu'est-ce que *bhava* ? C'est ce tout petit peu de l'élan réactionnel qui engendre la renaissance. *Bhava* est exactement comme un dangereux océan et ce vaste océan est infranchissable. Alors, pour le franchir, il vous faut un bon navire, grand et solide. « Ô Sei-

---

[1] Ici *bhava* est synonyme de *saṁsára.* (Ne pas confondre avec *bháva*). (ndt)

gneur *(Parama Puruśa)* tu es ce Navire et nous le rejoignons pour nous y abriter et traverser cet océan d'existences. » Il n'y a pas d'autre moyen.

Patna, le 21 septembre 1978

La pratique de l'Art et de la Littérature
– Interview imaginaire avec l'auteur[1] –

Question : Sachant que vous trouvez à redire à une conception de l'art qui tiendrait dans la formule « l'art pour l'art », on peut se demander quel est alors le rôle de l'art.

Ánandamúrti : La conception de « l'art pour l'art » est inadéquate, il vaut mieux parler de « l'art pour aider et apporter du bonheur ». Le but de la création artistique est de transmettre de la joie et de la félicité. Les gens cherchent à sortir des tourments de l'obscurité. Ils aspirent à une lumière toujours nouvelle, qui éclaire leur pensée et leur vie. Leurs actions et leurs sentiments les poussent à aller de l'avant. Ayant quelque chose à leur offrir, l'artiste créateur ne peut pas se dérober !

Il arrive parfois qu'au cours du voyage de la vie, l'être humain, face à la peur ou à l'appréhension, s'arrête net. Ses forces l'abandonnent et, fatigué, déçu, il s'assoit. Dans ces moments-là, la responsabilité des écrivains vis à vis de leur don prend toute sa signification. Dans le monde des lettres, les lauriers de la gloire ne vont qu'à ceux qui ont une conscience permanente de leur responsabilité d'auteur.

Q : Cela veut-il dire que les artistes doivent dépeindre la suite du chemin de façon attrayante, qu'ils doivent montrer un lendemain intéressant ?

---

[1] Questions formulées par Dhyánesh Deva, réponses extraites de : *« The Practice of Art and Literature » (A Few Problems solved Part 1)* (ndt)

Á : Ils ne peuvent donner une bonne orientation au futur que s'ils saisissent le mouvement qui, provenant du passé, le relie au présent. Il faut que dans leurs œuvres, passé, présent et futur se joignent avec beauté, il ne leur suffit pas d'imaginer un brillant avenir de rêve. N'oublions pas qu'enchâssé au creux du présent réside en germe toutes les possibilités du futur, de même que la moisson d'aujourd'hui provient de la semence d'hier. En utilisant leur talent créateur, les artistes, ne devraient donc pas se contenter de dresser sans erreur un portrait du présent, ils devraient aussi aller plus loin explorer avec bienveillance les possibilités du futur.

Q : Que dire concrètement à un artiste, un écrivain par exemple, qui voudrait exprimer ce lien entre la situation présente et les possibilités futures ?

Á : Qu'il lui faut bien exprimer la relation entre présent et futur, en présentant chaque étape qui lie la cause à l'effet. L'effet est le résultat naturel d'une cause à un moment et un lieu ou une personne donnés, l'artiste doit donc aussi, en présentant les possibilités futures, en expliquer avec justesse les conséquences naturelles.

Il ne doit pas perdre cela de vue un instant, parce que c'est le lien entre la cause et l'effet qui permet un contact intime et chaleureux avec ce que vise l'auteur. Sans cette affinité de cœur, sans cette unité dynamique, le lecteur ne peut s'approprier la moindre œuvre littéraire. L'auteur de tels écrits déconnectés de la psychologie collective n'est assurément, quel que soit le nom qu'on lui donne, pas une personne de lettres. Ses écrits sont, au mieux, des œuvres, mais en aucun cas des œuvres littéraires.

Q : Cela sous-entend-il que l'écrivain doit, en plus de son talent, avoir une connaissance approfondie des choses ?

Á : L'artiste ou l'écrivain, dont la responsabilité est de guider l'humanité sur le chemin qui mène de l'obscurité de la caverne à la lumière, doit aider par des panneaux indicateurs jalonnant ce chemin. On ne peut guider autrui avec la connaissance superficielle et bon marché de ces érudits de pacotille qui, après avoir lu une demi-douzaine d'ouvrages, discourent avec grandiloquence ou qui ont rédigé leur doctorat en plagiant les travaux des autres. Il faut, bien au contraire, que l'artiste, ou l'écrivain, ait une perspicacité pénétrante et vigoureuse, sans laquelle tous ses efforts resteront vains. Il doit à la fois connaître le chemin et savoir comment y progresser.

Q : Que se passerait-il si l'artiste créait sans connaître ou comprendre comment progresse ce chemin qui traverse passé, présent et futur ?

Á : Quelqu'un n'ayant pas compris comment procède la société, qui permet aux orientations du passé - qui modèlent le présent - de continuer sans la moindre opposition, ne peut pas guider la société vers la perfection. Sous prétexte de réforme sociale, il plongera, en fait, la société dans l'obscurité ; au nom de la liberté, il encouragera la licence.

Q : L'art est donc très intimement lié à la société.

Á : Le travail artistique n'est légitime que lorsqu'il conduit la société vers son complet développement.

Q : Cela demande alors à l'artiste une certaine connaissance de la société elle-même.

Á : Avant de manier leurs pinceaux ou leurs stylos, les véritables artistes et écrivains devraient avoir une claire compréhension de comment la société avance et des raisons qui la font aller dans cette direction. Quelles sont les causes fondamentales de sa faiblesse et de quelles doctrines proviennent les tendances dépravées qui corrompent la société. (…)

Je dirai qu'un artiste devrait essayer de traduire ses connaissances d'une manière facile à comprendre, afin de toucher le cœur des gens. À mon avis, celui qui n'agit pas comme cela n'est pas véritablement conscient de sa responsabilité sociale.

Q : L'art étant si intimement lié à la société, lorsque celle-ci change, ne devrait-on pas s'attendre à ce que, par exemple, une littérature qui a vu le jour pour éclairer une époque donnée, perde par la suite sa valeur et soit en quelque sorte périmée ?

Á : Cette « littérature d'époque » perd de sa valeur pratique dans les stades ultérieurs lorsque la société change rapidement. Mais ceux qui pensent que cette littérature sera à terme sans valeur sont dans l'erreur.

Q : Pourquoi ?

Á : Parce que cette littérature non seulement entrera dans l'histoire, mais aura également une valeur particulière pour les écrivains à venir : ils y trouveront une certaine idée des orientations sociales de cette époque donnée.

Q : Vous nous avez dit que les artistes et écrivains devraient comprendre comment et pourquoi la société se dirige dans une direction, ce qui l'affaiblit et de quelles doctrines lui viennent ses tendances néfastes.

Á : La simple compréhension ne suffit pas : les artistes peuvent avoir à résister seuls à la vague puissante de destruction. Ils doivent maintenir un effort implacable et incessant pour s'opposer à la puissance apparemment invincible de milliers d'obstacles provenant de superstitions séculaires solidement enracinées dans l'égoïsme étroit. Que leurs stylos en soient réduits en morceaux, leurs pinceaux ne plus être capables que de tracer des lignes d'eau sur la toile, leurs déclamations théâtrales s'achever dans l'aphonie, ils ne doivent pour autant tolérer aucune interruption de leur effort. Chacune de leurs petites défaites se rassembleront telles des perles pour former le collier de la victoire.

Q : N'est-ce pas trop demander à un être humain ?

Á : Lorsque génération après génération la société s'embourbe dans les remous fangeux du mal et du vice, lorsque la filouterie individuelle et collective prend les traits de l'intelligence, lorsque l'hypocrisie, la corruption et la fraude sont les critères de sélection pour l'accession au pouvoir, les authentiques partisans de la connaissance doivent alors lutter et combattre, malgré une constante humiliation, avec pour seul horizon les sarcasmes et les injures. Ceux qui ont peur des insultes sont incapables d'offrir quoi que ce soit de vraiment durable à l'humanité. Comment quelqu'un qui n'a pas de fermeté morale, sous les pieds de qui le sol s'affaisse, peut-il apporter à quiconque du bonheur et un abri accueillant ?

Q : Ne peut-on pas craindre alors que la littérature, pour être bienveillante, ne soit fade ou bien austère ?

Á : Les gens ont désespérément besoin d'aller de l'avant. Si ce qu'ils lisent ne les guide pas sur la voie du bien, ils suivent la mauvaise voie. Assis au bord de la plage du temps, ils n'ont pas le temps de compter les vagues. Ils ne restent pas tranquillement assis en réfrénant leurs désirs et leurs tendances dans l'espoir, qu'un jour, quelqu'un vienne les mettre sur le chemin de la bienveillance.

Les êtres humains veulent pouvoir exprimer librement et sans entrave leurs pensées et leurs sentiments les plus profonds. Peu sont capables de juger de la manière dont cette expression prend place. Nul doute qu'un certain jugement se développe à un âge tardif par suite de nombreuses épreuves et souffrances, mais il est totalement absent pendant l'enfance, l'adolescence et le début de la jeunesse. Durant cette période, les gens acceptent donc facilement l'art et des textes superficiels et rutilants, comme exutoire à leur propre expression. Au lieu d'y réfléchir sérieusement, ils ne comprennent même pas la nécessité d'une réflexion ou d'une analyse plus approfondie.

Ajoutons que si l'on présente une même idée de deux façons différentes, tout aussi bonnes ou mauvaises l'une que l'autre, les gens choisiront volontiers la plus facile plutôt que la plus complexe. Il importe peu alors que les idées de l'écrivain soient bienveillantes, si elles ne le sont pas avec une délectation exubérante et une joie débordante, elles seront peut-être recevables par certains, mais resteront à tout jamais désagréables et indigestes pour la masse. On ne peut absolument pas tenir pour de la littérature, une littérature qui ne s'exprime pas au moyen de la joie, car malgré la bienveillance de la pensée, celle-ci ne peut pas prendre une forme pratique. Ce genre de littérature n'augmente que le prix du livre, mais en aucun cas la valeur de l'humanité.

Q : Quelle est alors la part de véritable littérature sur les rayonnages de nos librairies ?

Á : La majorité de ce qu'on appelle littérature dans le monde aujourd'hui est simplement du texte, pas de la littérature. Les gens de lettres doivent faire preuve de leur sens des responsabilités à chaque ligne. La maîtrise de la langue et des idées ne suffit pas. Il faut quelque chose de plus : la capacité d'aller au fond de n'importe quel sujet, l'effort appuyé pour rendre sa pensée identique à celle de tous, pour pénétrer l'essence de la vérité. Ceux qui, disposant d'une petite connaissance superficielle de la vie, jonglent simplement avec le langage, ne peuvent pas produire une littérature idéale. La langue des Védas qualifie une personne de lettres de « voyant de la Vérité ». Seuls ces « voyants » peuvent créer de la vraie littérature, parce que la tâche de l'homme ou de la femme de lettres est de s'insinuer dans le futur et que la faculté de regarder dans l'avenir n'appartient qu'à ceux qui voient la vérité.

Q : Est-ce dire qu'ils voient la Vérité absolue et qu'ils en donnent une expression ?

Á : La Vérité absolue est au-delà du cadre du temps, de l'espace et de la personne, elle est également au-delà de toute expression. Il est donc complètement impossible de produire la moindre littérature à son sujet. Mais cette Vérité absolue a relié à son Âme éternelle chaque psyché individuelle, née des facteurs relatifs du temps, de l'espace et de la personne, par un fil d'or que nous pouvons, lui au moins, exprimer, dans une certaine mesure, avec le langage du cœur.

Q : Dans ce cas, le type de littérature qui voit le jour n'est pas celui que vous nommiez tout à l'heure « littérature d'époque ». De quoi s'agit-il alors ?

Á : Il s'agit d'une littérature qui se tient à l'orée à la fois de l'éternel et du temporel, et qui fait le lien entre les deux.

Q : Submergé par des écrits qui sont plus de simples textes que de la littérature au sens où vous la définissez, on a l'impression qu'il est aujourd'hui plus difficile de trouver de bons écrivains comme ceux que l'histoire de la littérature nous a permis de connaître. Notre époque vivrait-elle une crise dans le domaine de l'art ?

Á : L'humanité est à l'heure actuelle [1966] incapable de penser, de lire ou de comprendre quoi que ce soit de sérieux ou d'important. Même les artistes et les écrivains capables de penser ou d'exprimer quelque chose d'important ne voient aucune raison de se presser, prévoyant qu'ils ne recevront du public ni encouragement, ni appui. Dire qu'il n'y a pas d'artistes aujourd'hui serait une complète erreur : bien qu'ils aient peu d'ardeur, il y en a encore. Ce dont on manque, ce n'est pas d'artistes, mais d'appui et d'encouragement.

Q : Un vrai artiste ne devrait-il cependant pas produire sans attendre de recevoir quelque chose en échange ?

Á : Même si l'on reconnaît que le véritable artiste ne crée pas d'art dans l'espoir de recevoir d'encouragement de qui que ce soit, je dirai que lorsqu'un artiste entreprend de créer quelque chose, poussé dans son cœur par l'émotion ou engagé dans l'effort de se perdre soi-même dans l'expression de son art, il est nécessaire, même dans ce cas, de lui fournir les arrangements indispensables à l'expression de sa force vitale. Autrement l'artiste et son art sont tous deux voués à un échec prématuré.

Au lieu de blâmer les artistes en prétextant durement leur manque total de qualité, on doit donc reconnaître cette vérité souveraine : tant que nous sommes nous-mêmes incapables de penser ou de comprendre quoi que ce soit d'important, nous menons à leur perte les véritables artistes créateurs.

Q : Comment expliquer cette difficulté contemporaine à s'intéresser à des choses importantes ?

Á : On remarque généralement que les capacités de la pensée humaine s'affaiblissent quelque peu à la suite d'une catastrophe exceptionnelle. Cela vaut pour l'état psychique actuel de l'espèce humaine, après deux guerres majeures en peu de temps et leur sillage de détresse et d'affliction.

 Q : Beaucoup se plaignent que la majeure partie de la littérature moderne soit pleine d'érotisme primaire.

Á : Je ne peux qu'approuver ce jugement et, au-delà de la littérature, on pourrait dire la même chose de l'art tout entier. Philosophiquement parlant, l'amour simplement physique n'est pas l'amour. La philosophie ne devrait donc pas le prendre en considération.

Q : Mais l'artiste, lui, doit-il en tenir compte ?

Á : C'est d'ordinaire dans le moindre événement de la vie qu'une personne ressent peine ou bien-être. L'amour corporel lui-même n'est pas sans lien avec la peine et le bien-être. Comment l'artiste pourrait-il alors négliger cet amour physique, lui qui se consacre à la description des bonheurs et malheurs humains, lui qui s'est engagé à donner forme aux douleurs et aux chagrins, aux espoirs et aux désirs ? (…)

Cela dit, on ne peut que regretter qu'une partie des artistes contemporains, dans la poésie, les nouvelles, le cinéma, le théâtre, etc. utilisent leurs talents artistiques dans le seul but d'exciter la sensualité grossière des gens, au lieu d'exprimer les tendances humaines dans la perspective idéaliste d'un véritable artiste ; ne parlons pas de représenter les sentiments humains subtils. Sans céder au conservatisme, je dirai que cette catégorie d'artistes entache vraiment la société.

Q : Si l'on veut une société véritablement spirituelle, on peut, selon une certaine logique, penser qu'il faudrait alors bannir des productions artistiques, et particulièrement de la télévision et du cinéma, tout ce qui est grossier et, en fait, tout ce qui par son impureté peut en quelque sorte salir celui qui regarde et gêner son droit développement. C'est du moins ce que prône un point de vue récemment apparu en faveur du renouveau d'une certaine pudeur. Face aux excès possibles d'une telle volonté de normalisation moralisatrice, on est quand même amené à se demander, puisqu'on doit, malgré tout, prendre en compte l'impact des média sur la formation des esprits, selon quels critères on peut véritablement juger de la valeur des productions artistiques, comme par exemple les émissions télé, les films ou les livres destinés au grand public.

Á : Le seul critère de toute création artistique ou littéraire devrait être la préoccupation du bien-être public, une telle pensée ne se forme que dans la joie artistique. Aussi, dans la mesure où les artistes doivent créer ce flot de joie, ils ne peuvent pas se permettre de s'arrêter à des notions fastidieuses comme celles de soi-disant pureté ou impureté, car cela ralentirait le progrès. Une pruderie excessive, comme la phobie de l'impur, serait une entrave à leur développement.

Les écrivains conservateurs, ceux qui ont la phobie de l'impur, composent des poèmes sur les mers, les montagnes et les clairs de lune, mais s'offenseraient d'écrire sur les incessantes humiliations, le bas niveau de vie et la saleté ordinaire des laissés-pour-compte de la société, des gens sans éducation. La vie abominable des femmes corrompues, le cadre infect des taudis, les besoins charnels morbides des bêtes humaines antisociales, de tout ceci ils évitent de parler, parce que cela n'est pas conforme aux normes de la « décence » et de la « bienséance ».

Beaucoup d'idées et de tendances de l'esprit humain sont normales et naturelles. Mais les artistes ou les écrivains qui ont la phobie de l'impur, avec leur mentalité pudibonde, les évitent toutes. Ils pensent que faire place à ces tendances en littérature mettrait la société en péril. Je ne peux pas soutenir cette mentalité orthodoxe et rigide.

Q : À un rigorisme excessif, faut-il préférer une mentalité laxiste qui au nom de la tolérance et de la conciliation prône un rejet ou une indifférence face aux interdits ?

Á : Ceux qui, dans le monde de l'art, sont laxistes, sont encore plus dangereux. Si l'inaction est le défaut des rigoristes, celui des laxistes est leur hyper-activité fondée sur l'égoïsme. C'est comme s'ils cherchaient délibérément les aspects sombres et sales de la vie pour s'engraisser comme des mouches sur les sécrétions des plaies suppurantes de la société. N'oublions pas que les mouches ne soignent pas les plaies mais qu'elles les aggravent, le pus sortant de ces plaies leur fournissant un jus vital. Ce sont donc les souillures de la société qui fournissent à ces artistes et à ces écrivains leur moyen de subsistance.

Lorsque l'art ou la littérature s'intéresse principalement aux mauvaises tendances de l'esprit humain, cela attire un très grand nombre de gens et constitue une source considérable de revenus pour ceux qui produisent ce genre de littérature. C'est en réalité le seul objectif de leur création artistique. Lancés dans la recherche de la vulgarité, de l'obscénité et du mal, ils ont perdu de vue le but fondamental de l'art.

Q : La peinture et la sculpture, les deux arts les plus subtils, sont les plus déshéritées en matière de sympathie et d'encouragement populaire.

On produit pourtant dans le monde, à cause des religions, beaucoup d'images et de sculptures représentant des dieux et des saints. Cela ne serait-il pas en quelque sorte le signe le plus significatif d'un soutien populaire ?

Á : Je ne peux pas me convaincre que les habitants des pays où l'on pratique l'idolâtrie soient des connaisseurs ou des soutiens en matière d'art sculptural. Il ne fait aucun doute que ces personnes achètent des images et statuettes à ceux qui les font, mais elles agissent inspirées par la religion et non par l'amour de l'art. Les artistes sont forcés de travailler à l'intérieur des limites des panégyriques religieux de tels ou tels dieux [ou saints]. Ils ont rarement la possibilité d'exprimer leur propre originalité conceptuelle.

Q : Avec le développement de la technique, on fabrique en grande quantité des reproductions d'œuvres d'art qui ne profitent pas financièrement à leurs auteurs. Or les gens, même les amateurs d'art, n'ont souvent pas les moyens d'acheter des originaux, ils décorent leur intérieur avec des copies. Comment éviter cet état de fait ?

Á : Non seulement les artistes ne tirent généralement pas de bénéfice de cette situation, mais ils subissent des pertes, et pas seulement financières. Pour y remédier, il faudrait qu'il y ait des galeries d'art dans les principales bibliothèques et clubs.

Les peintures originales peuvent être prêtées aux membres exactement de la même façon que l'on emprunte les livres dans les bibliothèques. De cette manière les artistes, et plus particulièrement les nouveaux, seront fortement encouragés.

Q : Cela voudrait-il dire que le sort des artistes devrait faire partie des préoccupations sociales ? Jusqu'où aller, où s'arrêter ?

Á : Les artistes et les écrivains sont les guides de la société, et c'est le devoir sacré de la société de veiller avec vigilance au maintien de leur niveau de vie et de leur confort, de les aider à préserver leur existence. Ce sens du devoir est d'autant plus nécessaire quand l'art et la littérature sont pratiqués comme un service social et non pas comme une profession. Face aux artistes dont l'art ou la littérature est entièrement consacré au service des autres, on ne peut en aucun cas tourner le dos à ses responsabilités.

Q : Peinture, sculpture, musique, architecture, théâtre, danse, littérature... Y a-t-il un art qui surpasse les autres ?

Á : On trouve la véritable expression du merveilleux sens esthétique de l'être humain dans la peinture et la sculpture. Dans la calme immobilité d'une peinture ou d'une sculpture, tout doit être très nettement exprimé, les rires et les larmes, les espoirs et les craintes, les gestes et les mots. En fait ce sont la peinture et la sculpture qui relient, à la perfection, le sensible et le suprasensible.

Q : Est-ce que cela implique que l'art doit être très figuratif ? Je pense à l'exemple d'un peintre qui exprime le sentiment d'un personnage par une posture corporelle précise.

Á : Lorsqu'il donne une expression physique à son image mentale, l'artiste n'est pas forcé de reproduire une partie particulière du corps conformément à la physiologie. Ce qui importe, c'est de donner une forme à une pensée ou à une idée : l'artiste n'est pas un professeur de physiologie. Amener une pensée ou une idée jusqu'au monde des formes, telle est la méditation artistique.

Q : Est-ce qu'il peut y avoir des artistes sans génie ? L'art peut-il résulter uniquement d'un effort sincère, d'un travail intensif ?

Á : C'est une question assez difficile. Je pense que la réponse réside dans la soif spirituelle inhérente à l'être humain. En d'autres termes, un génie vient au monde avec un puissant besoin spirituel inné, qu'il s'en rende compte ou non. Si l'on n'a pas ce besoin spirituel, tout effort pour devenir artiste par la force du travail est complètement inutile. Cependant, qu'une personne dépourvue de génie créatif parvienne à éveiller en elle une forte attirance spirituelle, un désir pour l'infini, et il ne lui sera alors pas impossible de développer du génie.

Q : Vous avez consacré dans vos œuvres un essai entier aux artistes et à l'art, et on sent bien dans vos paroles quel grand intérêt vous portez à ce domaine, d'où vient cette marque d'attention particulière ?

Á : L'humanité veut aujourd'hui oublier ceux qui ont centré leurs œuvres écrites sur toutes sortes de discriminations séparatistes. Les êtres humains veulent canaliser tous leurs regards vers l'avenir lumineux, un avenir qui transcendera tous les intérêts individuels ou de groupes, toutes les limites territoriales des pays et des nations et qui transformera le sort de beaucoup en une destinée unique. (…)

Aujourd'hui, même l'océan Pacifique, qui sépare l'Asie de l'Amérique, n'est plus difficile à traverser. Les peuples d'Asie et d'Amérique se touchent mentalement et ont appris à s'accepter avec sympathie. L'Europe, l'Afrique, l'Australie, Mercure, Jupiter, les étoiles, les comètes, les constellations, aucun d'entre eux n'est étranger aux autres, aucun n'est distant des autres. Peu à peu, chacun a commencé à prendre conscience de la vibration de l'unique esprit intégral. C'est ma ferme conviction que le futur de l'humanité n'est pas sombre. Les êtres humains atteindront cette flamme inextinguible, éternellement allumée derrière le voile de la présente obscurité. Ils doivent l'atteindre. Les porteurs du message de cette lumière radieuse seront révérés pour toujours par l'humanité toute entière. Je vois dans les artistes et les écrivains la possibilité d'être de telles personnes mémorables et c'est pourquoi je les tiens en très haute estime.

Q : La responsabilité des artistes est donc très grande.

Á : La moindre faute de leur part peut provoquer une catastrophe, mais un soupçon d'attention peut suffire à ouvrir de nombreuses possibilités nouvelles.

Q : Ainsi il vaut mieux ne pas se lancer dans la création artistique à la légère.

Á : [En effet] celui qui ne domine pas sa pensée et son expression ne devrait pas toucher à la pratique de l'art.

Q : Y a-t-il en art une clé du succès ?

Á : C'est en regardant toute chose de ce monde d'un point de vue spirituel, qu'on peut ressentir la béatifique Présence de l'Entité transcendantale en toute chose. Plus cette conscience de l'Entité transcendantale est grande, plus grande est la compréhension de son unité avec nous, et plus grande est la réussite de la création artistique. (…)

La seule cause de la faiblesse interne de la société humaine est son ignorance. L'intuition supérieure qui dissipe cette ignorance n'est rien d'autre que [le contact psychique avec] la pensée de Dieu. L'art ou la littérature sont l'une des sources qui peuvent permettre à la masse des gens de communier avec cette incommensurable Pensée.

Extrait de
« The Practice of Art and Literature », 1966

Troisième partie

Les leçons de Shiva – n° 11 –
(Shivopadesha 11)

Ceux qui errent d'un lieu saint à un autre sont, ô Pârvatî, dans l'obscurité spirituelle, comment sans connaître le lieu saint intérieur pourraient-ils atteindre au salut ?[1]

(Jiṇána-sauṇkalinii-Tantra[2])

Les gens ont d'une manière générale une attirance irrésistible pour les lieux [saints, les lieux] de pèlerinage. Les femmes sont prêtes à vendre leurs bijoux favoris et autres objets de valeur pour couvrir les dépenses d'un pèlerinage et beaucoup sont même prêts à vendre leur terre dans ce but. Ceux qui n'ont pas la force de marcher voyagent en palanquin et ceux qui ont une vue défaillante font le pèlerinage aux lieux saints, des écharpes nouées autour de la taille, se faisant tirer par des prêtres ! Si les prêtres leur montrent la coquille d'un escargot mort et leur disent que c'est une idole du Seigneur *(Náráyaṅa)*, ils les croient et se prosternent devant la prétendue idole, écharpes au cou [en signe d'hommage] !

L'homme a ressenti cette attirance irrésistible pour des lieux saints depuis le moment où l'idée de Dieu germa pour la première fois en lui. On peut cependant et naturellement se demander ce qu'est exactement un « lieu saint, de pèlerinage » *(tiirtha)* ? Le mot *tiirtha* signifie « lieu de pèlerinage », « qui se situe au rivage »[3] *(tiira-stha[4])*. Le rivage,

---

[1] *Idaṁ tiirtham idaṁ tiirthaṁ bhramanti támasá janáh ; Átma-tiirthaṁ na jánanti, kathaṁ mokśo Varánane !* [Parvatî est appelée ici Varânanâ.]
[2] Versets *48-49*.
[3] En Inde, les lieux de pèlerinage se situent généralement au bord d'une rivière, qui symbolise les flots spirituels de Dieu. (ndt)
[4] *tiira* + *sthá* + [l'opérateur suffixal] *ḍa* = *tiirastha*

c'est là où la terre et l'eau se touchent, la berge est la partie de terre en pente qui est en contact avec ce rivage. Qu'on fasse un pas du rivage vers la berge et on atteint la terre sèche, qu'on fasse un pas vers l'eau et on se retrouve dans l'eau. Le « lieu saint », qui désigne véritablement un lieu entre les mondes physique et spirituel, est analogue à ce rivage géographique car si l'on fait un pas vers le temporel, on risque d'être pris par les séductions du monde terrestre et si l'on fait un pas vers les « eaux » de la spiritualité, on est emporté par son courant. Ce lieu précis, qui sert de point de jonction entre le temporel et le spirituel, est le lieu saint : *« Le lieu saint se situe au rivage » ont dit les sages.*[1]

Les gens veulent généralement vivre sans faire d'intenses pratiques dans le domaine spirituel ou beaucoup d'efforts dans le domaine temporel. Ils veulent s'enrichir ou atteindre au salut sans effectuer les justes efforts, ils tentent alors de se purifier de leurs péchés en visitant les prétendus lieux saints, ils essayent d'« échapper au Fleuve des Enfers » en tenant la queue d'un veau[2] ! Les marchands de ces lieux saints sont conscients de cette faiblesse mentale des gens et l'exploitent au plus haut point. Les pèlerins sont de ce fait incapables d'adorer comme ils le devraient et sont poussés d'un lieu saint à un autre par ces exploiteurs. Cela ne satisfait pourtant pas leur faim spirituelle et ils sentent bien qu'ils ne sont pas du tout libérés de leurs péchés. Les gens dans l'obscurité spirituelle gaspillent ainsi leur temps précieux, leur énergie et leur argent en courant d'un lieu saint à un autre.

Qu'est-ce alors que le vrai lieu saint ? Et où est-il ? Il se trouve au plus profond de l'être humain, à cette lisière dorée

---

[1] *Tiirastham tiirtham ity áhuh.*
[2] L'horrible et tumultueuse *Baetarañii*, la rivière des Enfers réputée pouvoir être traversée ainsi (grâce au don d'un veau aux prêtres !) (ndt)

où la source de toute poussée et activité[1] mentales de l'être humain rencontre, dans une douceur amoureuse, la quiétude spirituelle. Là est le vrai lieu saint, le vrai lieu de pèlerinage *(tiirtha)*. Celui qui s'installe en ce lieu de rencontre, le lieu saint, là, en ce lieu saint, il s'unifie au Seigneur du lieu saint. Ceux qui oublient ce Seigneur du lieu saint[/le Seigneur intérieur] qui est toujours éveillé dans une perpétuelle tranquillité au plus profond de leur cœur, telle une flamme lumineuse éternelle qui ne vacille pas, ceux qui errent çà et là à la recherche d'un lieu saint dans ce monde terrestre, peuvent-ils atteindre au salut ? Shiva répond à Pârvatî : « Non, ces gens-là ne peuvent pas atteindre au salut. »

Extrait de *Mes hommages à Shiva le Tranquille*

Patna, 30 juillet 1982

---

[1] *(Saṁkalpa* et *vikalpa).*

Questions et réponses sur les pratiques yoguiques

1) Quelle est la définition du mot yoga ?

Il y a trois définitions courantes de « yoga ». La première est :

Yogash citta-vrtti-nirodhah[1], c'est-à-dire « Le yoga est la mise en suspens de toutes nos tendances mentales ». Un pratiquant de ce yoga utilisera sa force mentale pour refouler ses penchants. Cependant, dès que cette pression psychique se relâche, les vieilles tendances réapparaissent et reprennent leur importance initiale. Ce genre de yoga ne peut donc pas conduire au progrès spirituel.

La deuxième définition est :

Sarva-cintá-parityágo nishcinto yoga ucyate[2] *[Le yoga est l'arrêt mental, l'abandon de toute pensée]*, autrement dit, si l'on met en suspens toutes ses poussées mentales, tout son processus de pensée s'arrête automatiquement. Mais cela peut-il nous conduire à l'accomplissement suprême ? Certainement pas.

La troisième définition est :

Saṁyogo yoga ity ukto jiivátma-Paramátmanoh[3] : « Le yoga véritable a lieu lorsque la conscience individuelle et la Conscience suprême s'unifient. » Cela se produit lorsque

---

[1] *Yoga-sútram I, 2* de Patañjali. (ndt)
[2] *Jiṇána-sauṇkalinii-tantram v. 61.* (ndt)
[3] *Áhirbudhnya saṁhitá (Páiṇcarátrágama vol. 1) 31, 15 (Tantra).* (ndt)

l'aspirant spirituel a créé une relation de tendresse avec Dieu *(Parama Puruśa).*

2) Qu'est-ce que le *tráṫaka ?*

Le *tráṫaka yoga* est une maîtrise de la vision oculaire[1] pouvant conduire à un certain type de vision surnaturelle.

3) Qu'est-ce que la mémoire « permanente » *(dhruvá smrti)* ?

« *Smrti* », la mémoire ou remémoration, est la reproduction mentale d'objets perçus préalablement. Lorsque cette mémoire devient [constante/]infaillible ou éternelle, on l'appelle « *dhruvá smrti* ».

4) Qu'est-ce qu'une posture de yoga *(ásana)* ?

Sthira-sukham ásanam, dit Patañjali : « Les postures sont des positions calmes et agréables ». Leur exécution s'accompagne d'inspirations et d'expirations spécifiques. Elles font travailler les nerfs, les tissus, les glandes et les organes du corps humain. Une séance d'*ásanas* s'accompagne ainsi d'une expérience de bien-être corporel et de tranquillité mentale. Leur pratique régulière maintient en bonne santé et guérit de nombreuses maladies. Les *ásanas* régulent indirectement les tendances mentales en régulant les glandes et leurs sécrétions hormonales. Elles aident en cela les aspirants spirituels à atteindre un équilibre corporel et la concentration mentale.

5) Pourquoi pratiquer les postures de yoga *(ásanas)* ?

Parce qu'elles permettent de :
1. Accroître la flexibilité du corps.

---

[1] C'est une méthode de fixation du regard. (ndt)

2. Corriger les défauts glandulaires, équilibrer les sécrétions hormonales et avoir ainsi la maitrise de ses tendances naturelles *(vrttis)*.

3. Équilibrer le corps et l'esprit.

4. S'épargner toute pensée indésirable.

5. Préparer son esprit à une pratique spirituelle plus subtile ou plus élevée.

6) D'après quoi nomme-t-on les postures du yoga ?

Certaines postures s'inspirent d'attitudes animales dont elles reçoivent le nom : la posture du poisson *(matsyamudrá)*, la posture de l'oiseau *(garudásana)*, etc.

D'autres postures présentent les mêmes formes que certains animaux, et portent donc aussi leur nom, par exemple la posture de la tortue *(kúrmakásana)*, etc.

Enfin plusieurs postures sont désignées par leur qualité propre. Par exemple, [la chandelle, qui est en sanscrit] la « posture de tout le corps » *(sarváungásana)* voulant dire par là que le corps entier en bénéficie.

7) Combien de types de postures connaît-on ?

Deux types principalement : les postures de santé *(svásthyásana)* et les postures de méditation *(dhyánásana)*. Les premières englobent toutes les postures pratiquées en premier lieu pour la santé du corps et accessoirement pour l'élévation spirituelle. Le deuxième type regroupe celles que l'on fait pour améliorer la concentration mentale et parfaire la méditation. Appartiennent à cette deuxième catégorie, la posture du lotus *(padmásana)*, la posture liée du lotus *(baddhapadmásana)*, la posture parfaite *(siddhásana)* et la posture du brave *(viirásana)*.

8) Qu'est-ce qui différencie la chandelle/posture de tout le corps *(sarváuṇgásana)* de la mudrâ de la posture inversée *(vipariita-karaṅii mudrá)* ?

Lors de la pratique de la posture de tout le corps *(sarváuṇgásana),* l'on doit fixer son attention sur le point fictif situé entre les extrémités des deux orteils, alors que pendant la mudrâ de la posture inversée *(vipariita-karaṅii),* la concentration doit se faire sur le bout du nez ou sur le nombril.

9) Que sont les *mudrás,* les *bandhas* et les *vedhas ?*

Les *mudrás* sont des postures exerçant les nerfs et les muscles. La traduction littérale de « *mudrá* » est : « geste expressif », l'expression d'une idée *(bháva).* Seules quelques *mudrás* du yoga n'expriment pas extérieurement l'idée intérieure. Contrairement aux *ásanas* proprement dits, les *mudrás* ne procurent pas toujours un bien-être immédiat et il est nécessaire de forcer pour maintenir la position.

Les *bandhas* sont des postures spécialement conçues pour exercer les nerfs. Comme pour les *mudrás,* ils ne s'accompagnent pas automatiquement d'une sensation de confort et réclament un effort conscient de la part du pratiquant. Les *bandhas* influencent également les courants d'énergie vitale *(váyus)* du corps.

Les *vedhas* sont presque identiques aux *bandhas.* Eux aussi agissent sur les nerfs et les « souffles » *(váyus)* vitaux.

10) Qu'est-ce que le *pratyáhára,* [le « recueillement yoguique »] ?

Le mot *pratyáhára* provient de : *prati-á-√hr* + [opérateur suffixal] *ghaiṇ.* Le mot « *áhára* » signifie littéralement « prendre quelque chose en soi ». Dans le yoga, pratiquer le *pratyáhára,* c'est abstraire son esprit du monde extérieur pour le guider vers Dieu *(Parama Puruśa).*

11) Qu'est-ce que le *pránáyáma* [« l'allongement (ou la pratique dirigée) du souffle »] ?

Vient alors le pránáyáma qui consiste en une pause du mouvement de l'inspiration et de l'expiration.[1]

(Patanjali, *Yoga Sûtra*)

Autrement dit, le *pránáyáma* est un processus de maîtrise de la respiration au cours duquel l'on doit s'efforcer de fixer son attention sur Dieu. Ce procédé contribue grandement à la concentration et à la méditation.

12) À quoi sert le *pránáyáma* ?

Le pránáyáma sert à contrôler l'énergie vitale.[s, a][2] Le but du *pránáyáma* est d'amener l'ensemble des dix énergies vitales *(pránendriya)* de l'aspirant spirituel à l'immobilité pour permettre le silence des pensées et l'immersion de la psyché individuelle dans l'océan de l'Esprit.

13) Combien de types de *pránáyáma* connaît-on ?

On en connaît deux principaux : celui du *hatha yoga* et celui de *Yudhisthira*. Le premier, celui du *hatha yoga*, ne requiert ni pensée spirituelle, ni concentration sur un point particulier, alors que le second, celui de *Yudhisthira*[3], inclut les deux.

14) Que signifie *recaka* ?

Recaka veut dire « vider ». Si au cours du processus respiratoire, vous expirez complètement et que vous restez dans cet état, sans inspirer à nouveau, vous avez pratiqué *recaka*.

---

[1] *Tasmin sati, shvása-prashvásayor gati-vicchedah pránáyámah. (II, 49)*
[2] *Pránán yamayaty eśa pránáyámah.*
[3] Yudhishthira, le frère aîné des Pândava, fut le premier à enseigner et populariser ce type de *pránáyáma*. (ndEds).

15) Qu'est-ce qui différencie *recaka, púraka* et *kumbhaka* ?

Lors du *pránáyáma*, le fait d'expirer complètement se nomme « *recaka* », l'action d'inspirer pleinement « *púraka* » et la rétention d'air qui suit la pleine inspiration « *kumbhaka* ».

16) Qu'est-ce que la *dháraná* [la concentration yoguique] ?

On la définit ainsi : *La dháraná est le positionnement ferme du psychisme dans une région du corps.*[s, a][1] *(Yoga Sûtra)* Cela requiert une concentration sur les points dirigeant les éléments fondamentaux situés à l'intérieur du corps humain. En d'autres termes, nous devons fixer notre esprit sur un chakra [plexus] particulier qui sert alors de point d'appui à la contemplation divine.

17) Qu'est-ce que le *shodhana* [la purification des chakras] ?

Le sens littéral de *shodhana* est « raffinement » ou « purification ». Dans le domaine de la méditation spirituelle, *shodhana* désigne une concentration sur les chakras. C'est une partie de la pratique *(sádhaná)* de l'Ánanda Márga qui n'est pas incluse dans le yoga de Patañjali *(aśťáuṇga yoga)*.

18) Qu'est-ce que le *dhyána* [la contemplation] ?

Selon Patañjali : *Le dhyána est un courant mental ininterrompu dirigé vers le But suprême.*[s, a][2] Il s'agit ainsi d'une méditation sur l'Être suprême engendrant un mouvement ininterrompu de l'esprit vers Dieu *(Parama Puruśa)*.

---

[1] *Desha-bandhash cittasya dháraná. (Yoga-sútram 3,1 de Patañjali) (ndt).*
[2] *Tatra pratyayaekatánatá dhyánam. (Yoga Sûtra III, 2)*

19) Qu'est-ce que le *guru cakra* ? Quelle est son utilité dans la pratique spirituelle ?

Le *guru cakra* est la partie interne du plexus [macro]-épiphysaire, le *sahasrára cakra* [sis au sommet de la tête]. Il a une immense importance dans les pratiques spirituelles car c'est là, au *guru cakra*, que l'on pratique *dhyána* [la contemplation].

20) La partie externe du plexus macro-épiphysaire se situe-t-elle à l'intérieur ou à l'extérieur de la structure corporelle ?

Elle se situe en dehors de la structure corporelle, à l'extérieur du corps.

21) Qu'est-ce que le *samádhi* [l'« extase » yoguique] ?

C'est l'unification de la conscience individuelle à la Conscience universelle. Ce n'est pas une leçon de méditation en tant que telle, mais l'aboutissement de toutes les pratiques spirituelles mentionnées précédemment.

22) Qu'est-ce que la *diikśá* ?

La diikśá [l'initiation] détruit les péchés par la lumière de la Connaissance, elle est de ce fait hautement célébrée par tous les tantras [textes initiatiques].[1]

(Vishvasára Tantra)

Cet aphorisme sanskrit décrit la *diikśá* comme un processus d'initiation causant l'illumination spirituelle et l'élimination des impressions réactionnelles *(samskáras)* accumulées.

---

[1] *Diipa-jiṅánaṁ yato dadyát kuryát pápa-kśayaṁ tatah ;*
Tasmád diikśeti śá proktá sarva-tantrasya sammatá. (chap. 2) (ndt)

23) Qu'est-ce que l'initiation védique *(vaedikii diikśá)* ?

L'initiation védique *(vaedikii diikśá)* consiste à enseigner à l'aspirant une simple prière, sans les *shuddhis* [système de visualisation conduisant à l'abstraction du monde extérieur et à la concentration sur le plan spirituel.] Ne comportant aucun processus pratique, cette prière n'est pas un culte spirituel, une méthode pratique. Son but premier consiste à demander à Dieu de nous amener sur le chemin du progrès spirituel.

24) Qu'est-ce que l'initiation tantrique *(tántrikii diikśá)* ?

Lorsqu'on enseigne le culte tantrique, avec tous les *shuddhis* en détail, il s'agit d'une initiation tantrique *(tántrikii diikśá)*. L'initiation tantrique est un culte spirituel. Elle enseigne un *iśtá mantra* [*mantra* personnel répété durant certaines pratiques méditatives] et un *iśtá cakra* [le *cakra* où poser son esprit durant cette méditation]. Le rôle du maître spirituel *(guru)* est ici très important, car il transmet à l'aspirant spirituel sa bénédiction. L'objectif est de s'unir, s'unifier à la Conscience suprême, à Dieu.

25) Qu'est-ce que le son *Oṇm*[1] ?

C'est le son d'ensemble de tous les processus de création, préservation et destruction.

26) Quel est le point de départ de ce son *Oṇm* ?

C'est le point d'origine de la création *(shambhú-liuṇga)*.

27) Qu'est-ce qui différencie l'état associé à la manifestation *(saguńa)* de l'état transcendant *(nirguńa)* [de Dieu] ?

On atteint l'état d'immanence (saguńa) – ou union spirituelle avec activité mentale (savikalpa) – lorsque le

---

[1] Le *ṇ* désigne la nasalisation du o. (ndt)

psychisme objectivé (citta) et le je agissant (aham), se dissolvent dans l'élargissement universel du sentiment d'existence.

L'état transcendant (nirguńa) – ou union spirituelle au-delà de toute activité mentale (nirvikalpa) – apparaît lorsque ce sentiment d'existence se dissout en l'Esprit. [1]

(Ánanda Sútram[2])

28) Un moine ou un ermite doit-il consommer des boissons alcoolisées ?

Non, car cela accélère la transformation de la « lymphe » en sperme et empêche le cerveau, alors insuffisamment approvisionné en lymphe, de méditer correctement. L'effet de l'alcool sur le sperme et la lymphe se répercute négativement sur toutes les autres glandes. L'agitation gagne l'ensemble du système nerveux, avec pour conséquence une perte de concentration et une perturbation de la pratique spirituelle.

1987-1990

---

[1] *Bhúmá-vyápte mahaty ahaḿ-cittayoh prańáshe, Saguńá-sthitih savikalpa-samádhir vá. (1-21) ; Átmani mahat-prańáshe nirguńá-sthitir nirvikalpa-samádhir vá. (1-22)*
[2] Précis philosophique de l'auteur. (ndt)

Transmutation biologique associée à une métamorphose psychique et vice versa

Notre discours traite aujourd'hui de « Transmutation biologique associée à une métamorphose psychique et vice versa. » Cette théorie s'applique autant au Macrocosme qu'au microcosme.

Dans la phase d'extériorisation de l'Être supra-psychique, [phase de matérialisation de l'Univers], l'Être supra-psychique se transmue en de nombreuses entités physiques soumises à l'action de la Force créatrice : celui qui était psychique se métamorphose en de nombreuses entités matérielles. À ce propos, les Védas disent : *Eko 'ham bahu syám* – « Je suis un, que je devienne multitude. » Ce « je », ce sentiment de je, est quelque chose de psychique, une vibration ectoplasmique intérieure ou extérieure au monde physique. Au cours de cette phase de transformation de l'Un en multiplicité, plus exactement de cette phase d'extériorisation [de l'Esprit], un grand nombre de structures physiques individuelles émergent d'une vibration unique. Cette Entité psychique se transforme donc graduellement en matière grossière. Chaque onde de la vaste Psyché divine prend alors la forme d'une structure individuelle animée ou inanimée.

Pendant la phase de retour à l'Esprit[1], c'est l'inverse qui se passe : les microcosmes, les individualités, progressent en dirigeant leurs pensées vers l'Un et leur pluralité se convertit en suprême unicité. Tant qu'il y a des structures physiques, il y a des différences matérielles, mais lorsque ces structures physiques individuelles se dirigent vers le but suprême, vers

---

[1] La phase centripète ou d'intériorisation en l'Esprit *(pratisaiṇcara)*. (ndt)

l'ultime aspiration, leur multiplicité décroît rapidement et elles finissent par se transformer en une seule et même Entité supracosmique, ou macrocosmique. Autrement dit, tout le mouvement progresse d'un état d'unicité situé sur le plan psychique à la pluralité physique et vice versa.

Dans la phase d'extériorisation de l'Expression [la phase de matérialisation], l'Entité psychique une se multiplie sur un plan physique : ce qui était un au niveau psychique se diversifie au niveau physique ; et dans la phase d'intériorisation de l'expression [la phase de spiritualisation, de retour en l'Esprit] la multiplicité physique devient unicité psychique. Tout cela est le jeu éternel *(liilá)* de Dieu *(Parama Puruśa)*.

Les êtres vivants apparurent sur cette terre il y a des millions [et des millions] d'années. À l'ère tertiaire et, notamment, pendant le Crétacé[1], il y avait un grand nombre d'animaux et de plantes de taille gigantesque (les êtres humains eux n'apparurent pas avant il y a environ un million d'années). Ces arbres et animaux énormes possédaient des cellules vivantes très simples et pour la plupart d'un même type. Il est encore possible de rencontrer de nos jours certaines plantes dotées de ce genre de cellules simples, comme les fougères par exemple, auxquelles j'ai donné le nom sanskrit de « *puráńiká* »[2]. Ces plantes du passé étaient pluricellulaires mais leur structure cellulaire était uniforme. Il en était également de même de certains autres êtres vivants. Les dinosaures, les brontosaures et autres animaux gigantesques par exemple avaient une structure physique très simple, composée d'un grand nombre de cellules très peu différenciées.

Ces créatures se transformèrent, s'adaptant aux changements temporels, spatiaux, individuels, s'adaptant aux modifi-

---

[1] *« Cretarian »*. (ndt)
[2] « Celles des temps anciens ». (ndt)

cations climatiques. Ce processus d'évolution est présent sur toutes les planètes où il y a de la vie. Une période glaciaire, où la température descendit bien au-dessous de zéro degré, se produisit brutalement entre deux ères. Au cours de cette période glaciaire, longue ou courte, les animaux entrèrent en hibernation. Beaucoup parmi eux s'éteignirent et disparurent après l'hibernation. La faiblesse intellectuelle de ces créatures gigantesques du crétacé les contraignit à quitter ce monde. Elles furent vaincues dans leur combat pour l'existence. Quant aux créatures qui survécurent, elles subirent des changements physiques et psycho-physiques ou biopsychiques. Elles virent leur complexité cellulaire augmenter, leur taille diminuer progressivement et finalement leur capacité mentale s'accroître. C'est-à-dire que, dans un premier temps, le corps physique devint très gros puis à partir d'une certaine forme, la structure se mit à se complexifier. Dès ce moment-là, au cours de la phase suivante, tandis qu'ils progressaient sur la voie de l'introversion, vers leur suprême Desideratum, leur corps physique se mit à diminuer en taille, alors que leur intelligence se fortifiait. C'est ainsi que s'équilibrent structure biologique et changement psychique.

Prenons les reptiles gigantesques qui apparurent sur terre il y a [des millions] d'années. Ils se sont métamorphosés progressivement en lézards, crocodiles, alligators et salamandres. Une autre créature dont la taille diminua graduellement fut le mammouth qui évolua en éléphant. Cette conversion ne se fit cependant pas du jour au lendemain et il y eut des stades intermédiaires entre les deux. L'extinction des gros animaux fut donc suivie par l'apparition d'espèces plus petites. (J'ai un jour déclaré que notre époque ne convenait ni aux petits pays, ni aux gros animaux. Ces derniers devront céder leur place aux petits ; quant aux petits pays, ils devront fusionner entre eux pour créer des fédérations ou des confédérations et accéder ainsi à un développement et une planification scientifiques autrement impossibles.)

Ainsi, au cours du processus graduel de l'Évolution, la physicalité grossière des créatures se métamorphose en subtil. Leur force physique se transforme rapidement en vitalité psychique et finalement en spiritualité. De la même façon, on peut comprendre que les êtres non développés d'aujourd'hui, pour qui le côté physique est tout ce qui compte, se transformeront graduellement au cours de l'évolution *(pratisaiṇcara)* en des entités mentales plus subtiles. L'aspect physique perdra peu à peu de son importance tandis que l'aspect psychique deviendra prépondérant.

Ceci s'applique également aux plantes. L'accroissement de la complexité psychique s'accompagnera obligatoirement de celle de la complexité physique car elles sont inséparables et doivent s'adapter l'une à l'autre. C'est de cette manière que l'univers acquiert petit à petit une nature essentiellement mentale. Nous avons vu que les animaux géants de ce passé très lointain se sont éteints à cause de leur manque d'intelligence. Les êtres humains aussi seront l'objet d'une métamorphose graduelle et deviendront des créatures totalement différentes : leur développement psychique va s'accroître considérablement. Ils se consacreront à la recherche d'un savoir plus élevé et à de plus en plus d'activités psycho-spirituelles.

Au cours de ce processus, l'adaptation psycho-physique engendre également une transformation du corps. Par exemple : la peau des anciennes créatures était très épaisse, ce qui leur permettait de résister au froid. Seules les créatures à peau épaisse survécurent durant la période glaciaire. Les premiers hommes avaient moins de poil sur le corps, mais plus ils se développaient mentalement et plus leur peau s'affinait et leur pilosité s'étoffait. Les buffles n'ont quant à eux pas changé depuis les temps préhistoriques : ils sont toujours autant irresponsables et n'hésitent pas à plonger dans le premier étang venu, y entraînant leur attelage au besoin. En revanche, les vaches se sont quelque peu développées mentalement et sont plus intelligentes que les buffles. Ceux-ci ont une peau très épaisse et des poils peu abondants tandis que la vache a une peau plus fine et plus de poils. Ceci montre que cette dernière est relativement plus évoluée. Tout changement dans la sphère psychique amène donc une modification correspondante sur le plan physique. Au stade présent de l'évolution, les êtres vivants sont plus physiques que psychiques, mais dans l'avenir ils deviendront plus psychiques que physiques. L'aspect mental primera et l'aspect physique sera relégué au second rang. Tout le potentiel ectoplasmique et endoplasmique de la création est rapidement en train de se transformer en potentiel psychique.

Au cours de cette phase [(l'évolution)] qui va vers plus d'introversion, où la matérialité physique se métamorphose en psychisme, nous devons nous attendre à ce qu'un jour, le monde entier quitte la phase psychique pour une phase encore plus subtile, une phase spirituelle. Le temps de la spiritualisation totale de tout le monde vivant émergeant d'un stade psychique transitoire, n'est pas éloigné.

Le jeu divin éternel *(liilá[1])* est en cours. Sous son action, la matière se convertit en pensée, la pensée en esprit, et finalement l'esprit individuel en Esprit suprême. Autrement dit, tout d'abord l'Un se diversifie, mais à la fin la diversité se fond en l'Un. Dieu répand assurément sa Grâce sur les êtres microcosmiques car tous ont émergé des ondes macrocosmiques de sa

---

[1] Lorsque nous ignorons les causes de quelque chose, nous l'appelons *liilá* mais si nous en découvrons les causes, nous le nommons *kriidá*.

Pensée. À la phase finale de celles-ci, il absorbe tous les microcosmes individuels dans son vaste corps macrocosmique. Les microcosmes émergent de lui pour finalement retourner en lui.

> *En moi tout naît, tout se maintient, tout se dissout. Je suis cet Être suprême, unique, sans-autre.[1]*
>
> (Kaevalya Upaniśad)

S'il n'y a qu'une entité, il n'y a pas de bonheur. Pensez un peu : si vous étiez seul dans l'univers, vous ne pourriez pas vivre, vous en deviendriez fou, non ? Tandis que lorsque vous êtes avec tous vos parents et amis, quelle joie ! Si vous rencontrez quelqu'un deux mois ou deux ans plus tard, vous lui dites : « Comment vas-tu ? Que deviens-tu depuis notre dernière rencontre au grand rassemblement spirituel de la pleine lune de mai ? ». Vous vous offrez mutuellement des *liitis* [un délicat met d'Inde] en disant : « Asseyons-nous, savourons quelques *liitis* ! » Si vous étiez seul, comme cela serait dur ! On dit à propos de Dieu :

> *À ce moment-là, ce Souverain solitaire pouvait voir [mais] n'avait pas de visible à voir. Lui, à la puissance endormie [mais] à l'œil éveillé s'est [alors] imaginé lui-même comme étant périssable.[2]*
>
> (Bhágavata Puráńa)

> *Il n'y avait, en ce temps-là, ni Être immuable[3], ni entité périssable, il n'y avait ni atmosphère, ni voûte céleste. Qu'aurait-elle recouvert et où ? De quoi [pouvait-on] se réjouir ? Y avait-il de l'eau, dans sa profondeur insondable ?*

---

[1] *Mayy eva sakalaḿ játaḿ, mayi sarvaḿ pratiśthitam ;*
Mayi sarvaḿ layaḿ yáti, tad Brahmádvayam aṣmy aham. (v. 19)
[2] *Sa vá eśa tadá draśtá nápashyad dṛśtam ekarát,*
Mene 'santam ivátmánaḿ supta-shaktir asupta-dṛk. (3,5,24)
[3] [En védique *Sat* désigne] « l'État immuable, l'Entité nucléaire immuable autour de laquelle se meuvent tant d'électrons ». (ndt)

Il n'y avait à ce moment-là ni mort ni immortalité, ni apparition du jour et de la nuit. Il y avait le Solitaire, respirant imperturbable l'atmosphère sans air, il n'y avait pas d'autre entité que lui, rien d'autre.

Tout d'abord, l'obscurité dissimulait l'obscurité, ce monde surgissant n'était pas reconnaissable. Le Solitaire, vacuité dissimulée par la vacuité, devenait, à partir de sa propre souffrance, par son pouvoir, ce monde.

Au début, le désir, qui était le premier germe de pensée, apparut en lui [le Solitaire], découvrirent les sages dans leur entité périssable après avoir cherché en eux-mêmes, avec sagesse, leur relation à l'Immuable.

Leur rayon de lumière s'étendit de tout son long : Y avait-il un dessous, y avait-il un dessus ? Il y avait les êtres vivants, il y avait les Puissances. L'univers dessous, l'Intention dessus.

Qui véritablement sait ? Qui en ce monde peut déclarer d'où est née cette création ? Les dieux [sont advenus] au cours de son développement, alors qui, sait d'où elle vint ?

Le superviseur de cet [univers], sis dans le plus haut des cieux, créant ou ne créant pas, lui-même, ne sait ni ne sait pas d'où vient cette Création.[1]

(Rig Véda, Hymne de la Création)

---

[1] *Násad ásiin no sad ásiit tadániim ; Násiid rajo no vyomá paro yat. Kim ávariivah kuha kasya sharmann, ambhah kim ásiid gahanaṁ gabhii-ram. Na mrtyur ásiid amrtaṁ na tarhi, na rátryá ahna ásiit praketah. Ániid avátaṁ svadhayá tad ekaṁ, Tasmád [d]hányan na parah kiṁ canása. Tama ásiit tamasá gúlham agre, 'praketaṁ salilaṁ sarvam á idaṁ; Tucchyenábhv apihitaṁ yad ásiit ; Tapasas tan mahinájáyataekam. Kámas tad agre sam avartatádhi, manaso retah prathamaṁ yad ásiit. Sato bandhum a-sati nir avindan, hrdi pratiiśyá kavayo maniiśá. Tirashciino vitato rashmir eśám, adhah svid ásiid upari svid ásiit. [Retodhá] ásan mahimána ásan ; Svadhá avastát prayatih parastát. Ko addhá veda ka iha pra vocat, kuta ájátá kuta iyaṁ visrśtih ; Arvág devá asya visarjanena_athá ko veda yata ábabhúva. Iyaṁ visrśtir yata ábabhúva, yadi vá dadhe yadi vá na,*

Mon Dieu *(Parama Puruśa)* était seul. Imaginez un peu la peine qu'il devait ressentir ! Il pouvait tout voir mais il n'y avait rien à voir. Pour voir, il faut qu'il y ait quelque chose, mais à ce stade de la création ce n'était pas le cas. Qui pouvait-il réprimander : « Pourquoi ton rendement est-il si faible ? Promets-moi que tu travailleras dorénavant de manière satisfaisante ! » À qui donc aurait-il adressé ces mots, s'il n'y avait personne à qui parler ? Dieu pensa alors : « Pour le moment je suis seul mais je vais me multiplier. » L'Être suprême veut une famille sans cesse croissante pour pouvoir jouer avec ses chers enfants.

Votre avenir est donc radieux – non seulement radieux mais assuré : une nouvelle vie spirituelle, libre de tout dogme, fleurira dans un futur proche. Dans cette phase de spiritualisation, dans ce jeu éternel de Dieu où les entités physiques, psychiques et spirituelles sont toutes en cours de progrès, le domaine mental s'élèvera un jour au niveau spirituel. La conscience individuelle s'unira alors à la Conscience universelle, Dieu, qui attend aussi ce jour prometteur. Il est avec vous. Il vous guidera par son Évangile de libération universelle pour que vous atteigniez votre but sans trop de difficulté. Il fera ce qui est nécessaire. Il vous suffit donc de lui obéir, de faire son travail et de suivre ses directives sans relâche. Que vos nobles actions et votre quête spirituelle accélèrent son Flot mental centripète. Que ce jour tant attendu arrive au plus tôt et par là même illumine votre existence.

Grand rassemblement spirituel *(DMC[1])*
Ánanda Nagar, 1er janvier 1989

Yo asyádhyakśah parame vyoman, So auṇga veda yadi vá na veda.
(Násadiiya Súkta ; *Rg-veda* 10e livre, hymne 129, strophes 1 à 7)
[1] *Dharma-mahá-cakra.* (ndt)

La douce science

Tout être fini requiert un support à son existence. Celui-ci doit non seulement abriter son sentiment de « je » sur le plan physique, mais aussi procurer à chaque instant l'énergie vitale nécessaire.

Un être subtil requiert, tout comme un être physique, un support qui est la forme subtile d'une forme physique. Notre psychisme est l'entité subtile avec laquelle nous sommes en permanence intimement en relation ; et son support, son moyen d'existence est les objets qu'il retient, rejette ou se remémore. Ces objets sont, dans leur état fondamental, extérieurs et physiques, mais le psychisme ne jouit que d'une impression intérieure, ne profite que de leur représentation mentale.

L'être vivant va jouir d'un objet fini (en tant que son objet mental) soit longuement, tranquillement, soit brièvement, à la hâte, selon ses élans réactionnels[1] *(saṁskáras)* ; puis passer à un autre objet. Le psychisme ne peut jouir éternellement d'aucun objet fini, car tout objet fini a un début et une fin. Dans ce mouvement sans fin, on trouve assurément une fin à tout objet ayant un début. On ne peut donc pas en profiter éternellement, la cruelle main du temps nous l'arrache. Malgré cela, l'être humain ne le comprend pas. Il considère agréable ce que ses impressions passées *(saṁskáras)* le poussent à gar-

---

[1] Les *saṁskáras* sont la trace psychique de nos actes passés sous la forme d'une réaction non encore manifestée à nos actions. Cette réaction potentielle, éventuel reliquat d'une vie passée, influence le présent, engendrant des situations permettant au psychisme de vivre des situations conséquences de ses actes, dès que les circonstances s'y prêtent, libérant ainsi le psychisme. Lire *La Philosophie de l'Ánanda Márga, une récapitulation, vol 1*, éditions Ananda Marga, France, 2015, du même auteur. (ndt)

der longtemps à l'esprit, à en profiter tranquillement. Pour lui cette lenteur est du plaisir, il l'appelle bonheur. Certaines personnes pensent constamment à l'argent, elles lui sacrifient tout. D'autres pensent qu'acquérir du renom ou un fils est le but principal de leur vie. Ils n'hésitent pas à la sacrifier pour cela.

Inversement, par rapport à l'objet dont nous ne souhaitons pas profiter longtemps mais plutôt vite fait, nous parlons de désagrément, d'expérience douloureuse. Peut-on supporter longtemps la vue d'un cadavre décomposé ? Non. Ne se débarrasse-t-on pas, après un cours entretien, aussi rapidement que possible de la personne qui nous fait souffrir ?

Bref, que l'objet nous plaise ou nous déplaise, étant limité, il ne peut demeurer nôtre éternellement, il est destiné à se séparer de nous et nous de lui.

Le psychisme est nécessaire à notre préservation et réclame aussi pour sa propre préservation un endroit sûr qui puisse l'abriter pour l'éternité. L'être humain aspire toujours à un abri sûr. Construit-on sa maison sur des sables mouvants ? Non, on la bâtit sur un terrain solide et ferme. L'être humain cherche toujours une assise solide pour préserver ses aptitudes mentales jusqu'à l'éternité et lui transmettre sa force dans son combat contre le temps. Mais y a-t-il une assise de ce genre dans ce monde ? On ne peut fonder son existence sur ce qui est fini car cela finit par s'épuiser. S'éloignant de nous et nous laissant mentalement sans abri, nous précipitant dans un abîme d'obscurité, cela poursuit sans interruption son chemin. C'est pourquoi, être humain, seul l'Éternel, l'Infini, peut être ton objet mental, l'assise de ton existence.

Mais comment entamer une vie s'appuyant sur l'Infini *(Brahma)* dans cet univers manifesté où sont de multiples objets finis ? En adoptant la pratique de la douce science *(madhuvidyá)* ; c'est-à-dire en considérant le fini et l'apparence non pas comme fini et superficiel, mais comme l'expression finie de l'Infini, de l'Éternel. L'attrait pour ce qui nous est cher *(preya)* et l'amour pour l'Éternel *(shreya)* ne font alors plus qu'un.

> *Cette terre poussiéreuse que foule l'humanité est en vérité la demeure de Dieu. Ô Toi qui es en tous, caché dans chaque cœur, tu es véritablement mien ![1]*
>
> Rabindranâth Tagore

Aimez-vous votre enfant ? C'est parfaitement juste, mais le jour de sa mort, ne serez-vous pas envahi par la peine ? Votre enfant est un être temporel *(preya)*, fini, qui ne peut vivre éternellement. Il mourra, vous laissant en pleurs. Si vous le considérez comme l'expression de Dieu *(Brahma)* sous la forme de votre fils, vous n'aurez alors pas peur de le perdre, car on ne peut perdre l'Éternel *(Brahma)*, il est présent partout et toujours.

> *Dieu est présent dans toutes les directions, il est ce qui est né et ce qui est à naître ; c'est lui vraiment qui est né et naîtra. Intérieur à ses créatures, il est présent partout.[2]*
>
> *(Shvetáshvatara Upanishad)*

Dans cet état, ô être humain ! aucun objet fini ne peut te limiter à sa couleur particulière, tu es réellement au-delà de toute couleur/catégorie *(varńátiita)* et peux te conduire face à tout être fini avec justesse.

Suivez votre chemin en prenant soin et en vous assurant du bien-être de l'expression de Dieu que sont vos parents, en soignant adéquatement la manifestation divine qu'est votre

---

[1] *Vishva-janer páyer tale dhúlimaya ei bhúmi, sei to svarga bhúmi.*
Sabáy niye sabár májhe lukiye ácha tumi, sei to ámár tumi.
[2] *Eśa ha devah pradisho 'nu sarváh, Púrvo ha játah sa u garbhe antah,*
Sa eva játah sa janiśyamánah, Pratyauṇ janáṁs tiśṭhate sarvato-mukhah.
(2,16)

terre, la cultivant et accroissant sa fertilité. Si vous vous conduisez vis à vis des différents objets de façon juste, ils ne peuvent vous abaisser mentalement. C'est cela le véritable détachement *(vaerágya)*.

Avoir du détachement ne signifie pas entrer dans les ordres ou fuir dans l'Himalaya après avoir abandonné sa femme, ses enfants et sa famille. L'Ánanda Márga s'élève fermement contre ce genre de mentalité. Selon l'Ánanda Márga, la pratique spirituelle *(dharma)* du détachement *(vaerágya)* fait partie intégrante de la vie de famille. Ceux qui ressentent l'envie de s'enfuir en laissant tout derrière eux sont simplement victimes d'un complexe d'échec. Le voleur, par peur de la police, le débiteur par peur du créancier, l'affligé, par incapacité à se résigner à ses peines, sont parmi ceux qui recourent à ce prétendu détachement. Ce genre de « renonçant » *(vaerágii)* n'a pas le courage de faire face aux revers de ce monde. Il s'efforce de cacher sa couardise par de belles paroles. Même lorsqu'il entre dans l'ordre du soi-disant renoncement *(vaerágya)*, il n'abandonne pas son attirance pour le monde, c'est pourquoi, en poursuivant une signification erronée du terme détachement *(vaerágya[1])*, il pratique en fait la fuite. Il s'ensuit qu'il déchoit généralement du chemin.

La pratique du détachement est la discipline qui nous permet de n'être plus mentalement affecté par l'attrait des objets de ce monde ; elle accroît notre liberté vis-à-vis des objets limités. Ce n'est que par ce détachement que se révèle véritablement à l'être humain l'Éternel qui est le seul vrai refuge, l'appui solide, durable de l'être humain car jamais il ne l'abandonne en le laissant au désespoir. Dans ce refuge divin, vous pouvez vous établir sans peur pour tous les temps à venir.

---

[1] Le mot *vaerágya* (détachement) vient de *virága*. *Rága* désigne l'attachement, la passion [(*vi-*, préfixe, est ici privatif)].

Le plaisir engendre la peur de la maladie,
L'excellence, la peur qu'on nous la conteste,
La beauté, la peur de perdre sa jeunesse.
Avec le rang social vient la crainte d'en déchoir,
Avec les honneurs celle de la déconsidération.
Les possessions nous font redouter la taxation,
La vigueur naître la peur de son adversaire.
Avec l'enseignement vient la peur du contradicteur,
Avec le corps physique, la crainte de la mort.
Sur cette terre, toute chose s'accompagne de peur !
Le détachement seul en libère l'être humain.[1]

(Bhartrihari[2],
Cent Strophes sur le détachement)

Calcutta, grand rassemblement spirituel *(DMC*[3]*)*
Pleine lune du 30/31 octobre *(áshvina)* 1955

---

[1] *Bhoge roga-bhayam, guńe khala-bhayaṁ, rupe 'taruńád bhayaṁ,*
Kule cyuti-bhayaṁ, máne daenya-bhayaṁ, vitte nrpálád bhayaṁ,
Bale ripu-bhayaṁ, shástre vádi-bhayaṁ, Káye krtántád bhayaṁ,
Sarvaṁ vastu bhayánvitaṁ bhuvi nrńám vaerágyam evábhayam.
[2] Bhartrihari, sage-poète du 7e siècle, *VaerágyaShatakam, 31/35.* (ndt)
[3] *Dharma-mahá-cakra.* (ndt)

Les microvita subtils

Le microvitum est un être très subtil. Des trois types de microvita, le plus grossier sert à l'apparition de la vie partout dans le cosmos. Ces microvita créent une agitation dans la structure physique. Cela engendre, par une succession de désagrégations et réorganisations, des modifications considérables de la structure physique initiale. Ce processus a conduit à l'apparition des dinosaures, des mammifères et enfin des êtres humains éclairés.

Les microvita subtils – trop subtils pour être observés à l'aide des microscopes les plus perfectionnés – se divisent en deux catégories. L'une de ces catégories œuvre dans le monde de la perception par l'intermédiaire des ondes spécialisées[1] de l'ouïe, du tact, de la vue, du goût, de l'odeur, l'autre directement dans le domaine plus subtil de la pensée humaine.

On regroupe sous le nom de *yakśa* les microvita qui ne sont pas visibles au microscope mais perceptibles [par l'être vivant] par leurs ondes sensibles. Étant perçus par ondes inférentielles, leur champ d'activité est le psychisme humain. Ils contribuent à créer la tendance à accumuler toujours plus de biens. Bien que cette tendance réponde à une certaine nécessité spatiale et individuelle, elle n'est presque toujours qu'une maladie psychique. Dans certains cas, et même dans la plupart des cas, la maladie due au *yakśa* est plus redoutable que la maladie *yakśma* (la tuberculose) ! Elle a engendré un esprit de division

---

[1] *Tanmátra* (voir aussi pp. 63 et 63). (ndt)

qui s'est largement répandu dans la société humaine et a engendré l'exploitation d'êtres humains par d'autres êtres humains qui s'enorgueillissent de leurs lamentations. Le désir pour le capitalisme, pour la structure capitaliste, a ses racines dans ce mal qui donne naissance à la soif insatiable et ravageuse des capitalistes.

On appelle *yaksa* l'ensemble des microvita qui provoquent cette maladie de l'esprit humain, de la psyché humaine. Quand une personne sans idéologie ne pense qu'à accumuler des biens, les *yaksas* se déchaînent dans son esprit. Ces *yaksas* forment l'un des sept types[1] de *devayoni*, le nom d'ensemble de différentes catégories de microvita [subtils].

Les microvita *gandharvas* désignent de façon générale les microvita qui inspirent l'amour des beaux-arts aux êtres humains. Ils les encouragent à cultiver les beaux-arts en exaltant leur esprit et en l'immergeant dans les rythmes et l'abstraction de la musique et de la danse jusqu'à mettre en suspens, dans ce monde subtil, les pensées du monde extérieur[2]. Quand l'esprit humain s'absorbe entièrement dans la musique et dans la danse, c'est que sa substance mentale est complètement sous le charme des *gandharvas*[3]. Ceux-ci font le lien entre le monde matériel et celui des idées subtiles. Ces microvita agissant sur l'esprit humain sont surtout amicaux. Ils transmettent le message du monde subtil aux oreilles humaines physiques et, en levant le voile de l'ignorance, illuminent l'esprit humain de la lumière du monde divin.

---

[1] Les autres étant les *gandharvas*, les *kinnaras*, les *vidyádharas*, les *videhaliinas*, les *prakrtiliinas* et les *siddhas*.

[2] Les beaux-arts [que sont la musique et la danse] sont appelés « *gandharva vidyá* » (la science des *gandharva*)].

[3] Appelés aussi par ailleurs « anges musiciens » (ndt)

Les microvita *kinnaras* sont ceux qui suscitent un besoin de beauté, un intense désir d'embellissement et de décoration. Le mot *kinnara* signifie : réceptacle de beauté, forme belle et gracieuse. Ces microvita provoquent dans l'esprit humain une tendance à vouloir embellir le corps humain à l'image des nombreuses images et formes qu'on peut voir dans le monde extérieur. Si ces *kinnaras* dirigent notre pensée vers la matière grossière au lieu de vers les niveaux les plus subtils, on doit les considérer comme des microvita ennemis ou négatifs. Mais si ces mêmes microvita dirigent notre pensée vers la pureté et la beauté, et immergent notre pensée épurée en Dieu, ce sont des microvita amis ou microvita positifs.

Viennent ensuite les microvita *vidyádharas*[1], qui créent dans l'esprit humain un besoin pressant pour de nobles qualités. Ce besoin, ou aspiration, intérieur a permis à l'esprit humain d'accumuler des trésors de qualités. Si l'on dirige ce besoin vers l'accomplissement de nobles actions et la louange des qualités divines de Dieu, ces microvita aident alors à promouvoir le bien des humains et on peut les considérer comme des amis. Si ces mêmes microvita créent en l'être humain un état d'esprit dirigé vers les gains terrestres telles la célébrité, la gloire, etc. on les considère comme des microvita ennemis.

On appelle *prakrtiliina* les microvita qui poussent les êtres humains vers les plaisirs grossiers de la vie. Si les êtres humains ne fréquentent pas de gens vertueux ou n'étudient pas de livres qui élèvent l'esprit, s'ils n'emplissent pas leur esprit d'amour de Dieu, ce groupe de microvita ennemis envahit leur esprit. Leur structure mentale se rigidifie alors, finissant, à son point le plus grossier, dans le dogme.

---

[1] Littéralement « réceptacles de connaissance ». (ndt)

Il existe encore une catégorie de microvita, les *videhaliina*. Ces microvita poussent la pensée humaine d'un objet à un autre et l'éloignent de l'Être suprême. Ils la maintiennent dans l'oubli du but suprême de la vie. Leur profonde soif de biens matériels force l'esprit à tourner sans arrêt sur lui-même, comme l'âne tournant autour de la meule, engendrant une agitation psychique ; l'esprit, mal orienté, sombre alors dans la plus totale confusion.

Les *siddhas* sont les microvita du septième et dernier type. Ce sont des microvita qui qui apportent une aide au niveau spirituel. Ces microvita permettent à l'esprit de s'élever au-dessus du monde matériel et du monde psychique, et le guident dans le domaine de la connaissance supérieure. Ils aident ceux qui possèdent l'ardent désir de développer leur faculté cognitive supérieure à accroître toujours plus ce besoin. Ceux qui ont le désir d'embrasser une vie de renoncement sont grandement inspirés par ces microvita et finissent par développer un désir tellement intense pour cette vie-là qu'ils quittent leur maison. Ceux qui sont assoiffés de prises de conscience mystiques finissent par devenir des mystiques illuminés. Ces microvita *siddhas* transmettent au plus profond de l'esprit des êtres humains ordinaires, qui ne voient que leur petit coin de terre, le claironnant appel du vaste océan de l'Esprit et les conduisent vers l'Être suprême. Ce type de microvita aide en fait les aspirants spirituels de multiples façons.[1]

Supposez qu'un adolescent joue au cricket quelque part. Au beau milieu du jeu, il a une soudaine prise de conscience qui le bouleverse. Il décide de renoncer à tout et part à la re-

---

[1] Ceux que les *siddhas* ont touché, ceux qui les ont compris, disent que le *sudarshan cakra* [le disque rayonnant du dieu mythologique Vichnou] est en fait le nom et la forme symboliques des microvita *siddhas*.

cherche de quelque chose qu'il ne connaît pas encore[1]. C'est l'œuvre des microvita *siddhas*.

Un prince vivant dans le luxe adopte soudain une vie de renoncement et se met à la recherche de la cause de la souffrance humaine[2].

Un petit garçon de huit ou dix ans devient soudain impatient d'avoir la « Connaissance » et décide de quitter sa famille et de s'acheminer vers une destination inconnue dont il n'a pas encore conscience[3].

Tout cela est le résultat de l'activité incessante des microvita *siddhas*.

D'après la nature de ces microvita, il est clair qu'ils ne sont point la création des êtres humains. Pas plus qu'il n'est possible à ceux-ci d'en parsemer l'univers. Si des surhommes ne peuvent pas créer ces microvita, ne parlons pas des êtres humains ordinaires ! De toute évidence, ces microvita sont une émanation de l'Être suprême.

Shabda Cayaniká vol. 11
22 février 1987, Calcutta

---

[1] Il s'agirait du futur moine Vivekánanda (1863-1902), fondateur de l'ordre Râmakrishna. (ndt)
[2] Le prince Gaotama Siddhartha, plus tard appelé le Bouddha (ndt)
[3] Shankarâcârya, le grand philosophe indien (8e s.) qui, dans la période post-bouddhique, fit revivre en Inde le brahmanisme et propagea la théorie : « Dieu seul est réel, le monde est illusion ». (ndt)

Avoir bon esprit

Si Dieu *(Parama Puruśa)* vous questionne sur votre désir d'obtenir quelque chose, que répondrez-vous ? Vous ne devriez dire qu'une seule chose : « Je veux ta bénédiction de sorte que mon esprit, ma pensée suive le droit chemin. » Car quand ses pensées sont dirigées dans la bonne direction, qu'y a-t-il à souhaiter ? Tout est atteint. Les êtres humains chutent à cause des défauts de leur pensée.

Que Dieu garde notre pensée attachée au Bien ![1]

(Shvetáshvatara Upaniśad)

Les Védas disent : « Le Créateur de cet univers est grand. La seule prière que je lui adresse est qu'il garde toujours ma pensée attachée au Bien. Je ne veux rien d'autre. »

La prière *gáyatrii* dit la même chose :

Oṃ, bhúr bhuvah svar...[2]

Ce qui est à désirer du Père des mondes est que nous placions notre attention sur sa Lumière divine et qu'elle conduise nos pensées.

« Que nous méditions sur [la Lumière de Dieu] » : Pourquoi méditons-nous sur lui ? Pour qu'il puisse conduire nos pensées sur la voie du Bien.

Cet univers est septuple ayant sept plans : *bhúr, bhuvah, svar, mahar, janah, tapah* et *satya*[3]. On s'adresse [ici] à son

---

[1] *Sa no buddhyá shubhayá saṁyunaktu ! (Shvetáshvatara Upaniśad)* (ndt)

[2] *Oṃ, bhúr bhuvah svar, Oṃ, Tat savitur vareńyaṁ,*
Bhargo devasya dhiimahi, Dhiyo yo nah pracodayát, Oṃ.

[3] Ces plans sont des subdivisions de l'Esprit – du pur Esprit *(Satya,* la Vérité absolue) jusqu'à la matière *(bhúr,* ce plan physique) – engendrées au

Créateur par le mot Père *(Savitá[1])* : Nous méditons sur la divine et adorable lumière du Créateur des sept mondes. Pourquoi méditons-nous sur lui ? Pour qu'il puisse conduire notre esprit, nos pensées sur le bon chemin.[2]

La seule prière que devrait exprimer l'être humain est que sa pensée soit bien dirigée. Si celle-ci est rectifiée, il a tout obtenu. Si elle s'égare, rien ne l'est, même en ayant tout.

Patna, 24 août 1978

---

cours de la densification de l'Esprit, la matérialisation (voir chap. p. 78). (ndt)

[1] *Savitá* signifie père. Certaines personnes appellent par ignorance leur fille *Savitá.* Une fille ne devrait pas s'appeler *Savitá. Savitá* [nominatif de *savitr*] est du genre masculin et signifie « père ».

[2] *Dhiyo yo nah pracodayát. Dhii* signifie « pensée » [ici décliné en *dhiyah* (pluriel)], *nah* signifie « nos » et *pracodayát* : « guider sur le chemin ».

Qu'est-ce que la connaissance de soi ?
(*Ágama* et *Nigama*)

Ô Divine, la connaissance de soi/Dieu est le suprême et seul moyen de salut, l'on parvient au salut lorsque, une fois devenu un être humain à la suite de ses propres actions, l'on atteint à la Connaissance.[1]

(Tantra)

Vous savez que les traités tantriques *(tantra-shástra)* comportent deux branches : celle dite de la doctrine pratique *(ágama)*, l'autre dite du questionnement philosophique *(nigama)*.

On donne deux interprétations – autrement dit signification dérivée [de l'étymologie] – au terme *tantra*.

L'une affirme : *Le tantra est ce qui libère de la léthargie spirituelle.*[2] *Tan-* c'est la léthargie, la lourdeur, d'esprit et *-tra* signifie libérateur. Le *tantra* est ce qui libère de l'apathie, de la léthargie, spirituelles.

Une autre interprétation du terme *tantra* est, *tan* étant la racine verbale sanscrite « s'étendre » et *tra* « ce qui libère »[3], le *tantra* est ainsi, la science qui facilite votre expansion générale, plus exactement, qui facilite votre libération par votre expansion générale : le *tantra* est le moyen de se développer[4].

---

[1] *Átma-jiṇánam idaṁ Devi paraṁ mokśaeka-sádhanam;*
Sukrtaer mánavo bhútvá jiṇánii cen mokśam ápnuyát.
[2] *Taṁ jáḍyát tárayet yas tu sa tantrah parikiirttitah.*
[3] la racine verbale *trae* (libérer) + l'opérateur grammatical *ḍa = tra*.
[4] Le corps d'un enfant s'étend en permanence, jour après jour, semaine après semaine, mois après mois. C'est pourquoi jusqu'à 39 ans, on appelle le corps d'une personne *tanu*, *tanu* signifiant en sanskrit « qui s'étend ». Après 39 ans, on appelle le corps d'une personne *shariira*, *shariira* signifie « ce qui se décatit ».

Le *tantra* comprend donc deux branches : la doctrine pratique *(ágama)* et le questionnement philosophique *(nigama)*[1].

*Elle sort (**á**gata) de la bouche de Shiva, elle va (**ga**ta) aux oreilles de Pârvatî et est estimée (**ma**ta) par Krishna[2], c'est pourquoi on l'appelle ágama [doctrine pratique].[3]*

Pârvatî demande à Shiva : Quel est le minimum requis pour devenir un pratiquant spirituel ? Shiva lui répond que c'est de posséder un corps humain. Ce minimum nécessaire est, comme vous le voyez, à la portée de tout un chacun puisque chaque être humain possède un corps humain.

Ô Divine, la connaissance de Soi est le suprême et seul moyen de salut ...ₛ dit Shiva.

Quand on a atteint à la connaissance intérieure [(de soi, de l'âme)] *(átma-jiṇánam),* autrement dit lorsque l'on sait, qu'on a cette chance de comprendre, ce que l'on est, que se produit-il ? On parvient au salut *(mokśa).*

Pour cela, pour se connaître, le minimum nécessaire est *d'être devenu humain à la suite de ses actions*ₛ. Après avoir parcouru tant de vies animales au cours de l'Évolution *(pratisaiṇcara),* on obtient un corps humain, on devient éligible : on atteint au minimum requis.

*Une fois devenu un être humain à la suite de ses actions, on obtient le salut, en atteignant à la Connaissance.*ₛ

Devenu un être humain à la suite de ses actions (Sukrtaer mánavo bhútvá) : après avoir enduré au cours de l'Évolution les actions et leurs réactions, l'on acquiert la forme humaine, la

---

[1] *á-GAM* + [opérateur] *al* = *ágama, ni-GAM* + *al* = *nigama* [*(á* et *ni,* prépositions, *GAM,* verbe) l'*ágama,* ce sont les réponses de Shiva et *nigama* les questions de Parvatî. (ndt)]

[2] *Giri-já* : « celle qui est née dans la montagne » désigne Pârvatî ; *Vásudeva* (« fils de Vasudeva »), c'est Krishna. (ndt)

[3] *Ágatáṁ Shiva-vaktrebhyo gatáṁ ca Girijá-shrutao.*
Mataṁ ca Vásudevasya tasmád ágama ucyate.

structure humaine. *Su-krtaeh [« à la suite de ses actions »]* signifie, en langage ancien[1], que c'est seulement après être passé par les formes de si nombreux animaux, de si nombreuses actions et réactions que l'on obtient la forme humaine. C'est donc à ce moment-là que l'on devient un aspirant spirituel et pas avant. Tant qu'on est dans le corps d'un animal, on ne peut effectuer de pratique spirituelle. Si après avoir obtenu un corps humain, on n'utilise pas ce corps pour la pratique spirituelle, on est sans aucun doute un insensé parce qu'on n'utilise pas son potentiel.

On obtient le salut en atteignant à la Connaissance. Tout comme la première phrase parle de connaissance de soi *(átma-jiṇána)*, la deuxième dit qu'*on atteint au salut quand on atteint à la connaissance*$_s$ *(jiṇána).* Cette connaissance est la connaissance de soi. Qu'est-ce que la connaissance de soi, du Soi, la prise de conscience de sa propre âme ?

C'est, voyez-vous, la tendance naturelle de chaque être vivant que de voir autrui mais de ne pas se voir. Je veux dire qu'en devenant sujet, on prend autrui et jamais soi-même pour objet. En tant que sujet, on ne se met jamais à la place de l'objet, là est le problème. Vous voulez connaître tant de choses mais pas vous connaître vous-même. Vous êtes vous-même ce que vous avez de plus proche, pourtant vous ne souhaitez pas vous connaître. Voilà qui est dommage, voilà le problème. La connaissance de soi est un état sans objet : se voir en soi-même sans diriger la moindre faculté psychique ou cognitive vers une réalité extérieure. En dépit de vos si nombreuses facultés psychiques et cognitives, vous vous efforcez de guider celles-ci vers d'autres objets [que vous-même]. Si cependant vous retirez toutes vos facultés psychiques et cognitives [du monde extérieur] et les guidez en vous-même, dans une paix

---

[1] Autrement dit, en védique (*su* = *sva* (védique)). (ndt)

détachée du monde objectif, cet état de votre conscience, cet état non-relatif est la connaissance de soi, la véritable connaissance. Car tout autre savoir est entaché de relatif. Cette connaissance ne dépendant d'aucun autre objet, a un caractère absolu, c'est la connaissance de soi. Nul besoin de parcourir des tonnes de livres pour l'acquérir. Il faut faire grandir en soi un puissant et sincère désir d'atteindre à cette connaissance intérieure et cultiver l'amour de Dieu. Voilà en quoi consiste la pratique spirituelle. Lorsqu'au cours de ce processus, on atteint à la conscience du Soi, on atteint au salut. Telle est la réponse de Shiva, cela a donc valeur de doctrine *(ágama)*.

Patna le 30 septembre 1978

Krishna dispense six stades
de ressenti de Dieu

Quand Dieu *(Parama Puruśa)* s'incarne en Sauveur *(Tá-raka Brahma),* à une période de transition donnée, les gens de cette période jouissent immanquablement de certains privilèges. Ces privilèges sont la véritable preuve de l'avènement, l'incarnation du Sauveur. Voyons comment Krishna de Vraja et Krishna conducteur du char d'Arjuna s'efforça, et parvint effectivement à aider les gens dans leur progrès spirituel.

Quand les gens progressent dans leur compréhension spirituelle, cette progression passe par six stades : le [ressenti] d'« être dans le même monde que Dieu » *(sálokya),* celui de « l'intimité avec Dieu » *(sámiipya),* la communion avec Dieu *(sáyujya),* le fait de « voir Dieu en toute chose » *(sárúpya),* le ressenti de « l'égalité avec Dieu » *(sárśti)* et l'unification avec Dieu *(kaevalya).*

Être dans le même monde que Dieu *(sálokya)* : À ce stade, les gens ont le sentiment qu'ils sont venus sur terre en même temps que Dieu, que le plus grand accomplissement de la vie humaine est que l'on est venu vivre dans ce monde au moment même où Dieu a choisi pour s'incarner sur cette terre en tant que Sauveur. Le grand adorateur Vrindávana Dás[1] observa : « Ma plus grande malchance c'est de n'être pas né à l'époque que le Seigneur choisit pour s'incarner sur terre ».

Je n'ai pu servir Caetanya à cause du passage du temps, je n'ai pu me réfugier en lui, disait Vrindávana

---

[1] Son nom signifie littéralement : le serviteur *(dása)* de Vrindávana (qui est le lieu où allait Krishna dans son enfance (dans la région de Vraja)). (ndt)

Dás chantant les éloges du Seigneur Krishna, de Saint Chaïtanya et du bienheureux Nityánanda[1].[2]

« Comme je suis malchanceux de ne pas être venu sur cette terre lorsque le Seigneur était présent. Je suis né plus tard » : se lamentait Vrindávana Dás. »

C'est véritablement une grande malchance, une affliction spirituelle, d'être né un peu avant ou après la venue du Seigneur, c'est une vraie détresse spirituelle. La simple pensée que Dieu était sur terre au même moment que soi amène une sensation d'extase, une immense joie. Cet état de joie ou de félicité on l'appelle le *sálokya*[3] [« le [ressenti] d'être dans le même monde que Dieu »].

Quand Krishna était à Vraja, les gens étaient infiniment joyeux et fiers qu'une grande personnalité, sous la forme d'un jeune homme, ait choisi de vivre parmi eux. Ceux qui eurent des contacts avec Krishna conducteur du char d'Arjuna sentirent aussi que Krishna était avec eux, les guidant à tous les niveaux. Même Duryodhana[4], curieusement [pourrait-on dire puisque] de toute apparence [il était] l'ennemi de Krishna, était convaincu que Krishna n'était pas une personne ordinaire. Il pensait que gagner le soutien de Krishna, serait pour lui un grand avantage. C'est pourquoi la veille de la bataille du Kurukśetra[5], il se présenta au roi Krishna pour lui demander son aide. Duryodhana et Arjuna, approchèrent tous les deux Krish-

---

[1] L'instructeur de Vrindávana Dás, disciple du grand apôtre de l'amour de Dieu et réformateur bengali Chaïtanya. (ndt)

[2] *E hena sampad kále gorá ná bhajinu hele, Tachu pade ná karinu ásh ; Shrii Krśńa Caetanya Thákur Shrii Nityánanda, Guńa gáy Vrindávana Dás.*

[3] [dérivé de *sa* (avec) et *loka* (monde)] *Loka* signifie « le monde ». En bengali, *loka* signifie [surtout] « être humain », mais en sanscrit cela veut dire [aussi] une sphère, un monde.

[4] Duryodhana était l'aîné des Kaorava (les cousins d'Arjuna) contre lesquels Arjuna et ses frères (les Pândavas) s'opposèrent lors de la guerre du Mahábhárata. (ndt)

[5] La grande bataille du Mahábhárata. (voir note 2 p. 46) (ndt)

na pour solliciter son soutien. Arjuna était plus avancé que Duryodhana pour ce qui est du ressenti d'être dans la même sphère que Dieu.

Duryodhana arriva au palais de Krishna avant Arjuna. Il y trouva Krishna allongé sur son lit, les yeux fermés, feignant d'être endormi. Arjuna arriva après lui et s'assit aux pieds de Krishna. [Duryodhana était assis à la tête de Krishna.] Soudain Krishna s'assit et fit comme s'il venait de se réveiller. Il fit en sorte de diriger son regard tout d'abord vers Arjuna, assis à ses pieds et dit : « Oh, bienvenue Arjuna, tu es venu. C'est bon de te voir. » Puis il aperçut Duryodhana et dit : « Bienvenue Duryodhana, tu es venu aussi. C'est bon de te voir. »

Tout cela n'était que pure comédie, bien sûr, car Duryodhana était en fait arrivé plus tôt. Mais sa conscience d'être dans le même monde que Dieu était moindre que celle d'Arjuna. Il n'avait pas la profonde compréhension que Dieu, le Sauveur, s'était incarné sur terre. C'est pourquoi il ne pouvait récolter le bénéfice d'être dans le même monde que Dieu aussi aisément qu'Arjuna. Celui qui feignait le sommeil n'était pas ici Krishna de Vraja, qui portait et jouait perpétuellement sa flûte magique, mais bien « Krishna, le Roi, Conducteur du char d'Arjuna » *(Párthasárathi)*, avec son esprit vif et son intelligence appointée. S'il avait été le Krishna de Vraja, il aurait joué de sa flûte magique, attirant à lui aussi bien Duryodhana qu'Arjuna. C'est la différence entre Krishna jeune homme *(Vraja-kriśńa)* et le roi Krishna *(Párthasárathi)*. Le roi Krishna se servait des tactiques de la diplomatie chaque fois que cela s'avérait nécessaire, et à cette époque, cela arrivait très souvent.

L'intimité[1] **avec Dieu** *(sámiipya)* : le deuxième stade de prise de conscience spirituelle est l'intimité avec Dieu. Au premier stade, les gens comprennent qu'ils sont nés à la même

---

[1] Ou la proximité. (ndt)

époque et dans le même monde que leur Seigneur. Au deuxième stade, ils se sentent proches de Dieu, assez proches pour lui parler comme à un ami, même sur des choses extrêmement personnelles, pour qu'il les soulage et les réconforte. Ce n'est pas nécessairement pour révéler leurs difficultés personnelles que les gens qui se sentent si proches de lui vont le trouver, mais pour le soulagement, la consolation et pour trouver la force de résister aux difficultés et problèmes, aux orages et agressions de la vie individuelle. Les nombreuses personnes qui s'approchèrent de Krishna de Vraja étaient des gens très ordinaires et beaucoup d'entre eux eurent cette prise de conscience de l'intimité avec Dieu. Tandis que ceux qui eurent le privilège de rencontrer le roi Krishna étaient soit des gens très instruits ou de grands saints, soit des rois ou des dignitaires. Ce n'était pas tout le monde qui avait le privilège d'approcher [le roi] Krishna, le Conducteur du char d'Arjuna et de goûter à la conscience de l'intimité avec Dieu [auprès de lui], ceux qui avaient eu l'expérience du ressenti d'être dans le même monde que Dieu ou de l'intimité avec Dieu devaient passer par diverses difficultés et épreuves. Le chemin de cet accomplissement n'était en aucune façon simple et sans heurts.

Dans le cas de Krishna de Vraja, l'atteinte du ressenti d'être dans le même monde que Dieu et de l'intimité avec Dieu, s'obtenait avec peu de difficulté, mais dans le cas de Krishna conducteur du char d'Arjuna, le ressenti de l'intimité avec Dieu ne s'obtenait pas forcément de façon concomitante à celui d'être dans le même monde que Dieu.

La communion avec Dieu *(sáyujya)* : vient ensuite le stade de la communion avec Dieu. Cela implique un contact rapproché, presque un contact corporel, la plus étroite des proximités imaginables. La plupart des gens de Vraja avaient goûté à cette communion avec Dieu, car ils avaient mangé, chanté, joué de la flûte et dansé avec leur Krishna adoré et s'étaient assis à côté de lui. Mais ce n'était pas aussi facile d'atteindre le stade de la communion, avec le roi Krishna, le Conducteur du char d'Arjuna. Seul Arjuna, le troisième des frères Pândava, jouissait de cet accomplissement. Aucun des autres frères n'avait cette chance.

Voir Dieu en toute chose *(sárúpya)* : Le stade suivant dans l'ascèse spirituelle est de voir Dieu en toute chose. Il implique que « Non seulement je suis proche de lui, mais chaque fois que je pense à lui, je le vois en toutes directions. » Comment parvient-on à ce stade d'accomplissement ? On peut atteindre ce niveau en devenant le plus proche et le plus intime de ses compagnons – son père, sa mère, sa femme, son fils, ou toute relation chère et proche. On peut aussi atteindre à lui autrement : si l'on commet de nombreux péchés, jusqu'à devenir un pécheur invétéré, tout en entretenant une peur mortelle de Dieu, pensant à lui en ces termes : « Ah, pauvre de moi, je fais d'horribles choses et le Seigneur voit tout ». Ceci ne peut que conduire à la folie ou à la mort.

Ravana[1] par exemple considérait le Seigneur comme son ennemi et finalement mourut de ses mains.

Kansa[2] aussi considérait le Seigneur comme son ennemi. C'est pourquoi, une semaine avant sa mort, Kansa vit le reflet de Krishna partout : dans le ciel, dans le vent, dans les arbres,

---

[1] Le mythologique roi de Lanka dans l'épopée du Ramâyâna, ennemi de Râma. (ndEds)

[2] Le roi félon de Mathurâ, alors capitale du royaume. Cousin germain de Devakii, la mère de Krishna, Kansa avait emprisonné le roi Ugrasena (son propre père, grand-oncle de Krishna), usurpé le trône, et craignant que se réalise la prophétie selon laquelle il serait tué par un enfant de sa cousine Devakii, l'avait emprisonnée avec son mari Vasudeva, tuant chacun de leurs enfants à sa naissance. On put lui soustraire deux de leurs enfants, Krishna et son frère Balarâma, emmenés à la campagne. Pendant des années, Kansa s'efforça de retrouver et d'assassiner le jeune Krishna. (ndEds, ndt)

sur la terre et dans l'eau, partout. L'histoire nous raconte qu'à cette époque, on enseignait aux enfants de l'école primaire : « *K* comme Krishna. » Mais Kansa, à cause de sa peur maniaque de Krishna, demanda aux maîtres de leur enseigner plutôt : « *K* comme Kansa ». Kansa finit par voir Krishna partout et en devint fou : une semaine avant sa mort, il devint complètement fou puis mourut.

Il est peut-être vrai que l'on peut atteindre à Dieu en étant son ennemi, mais c'est un chemin tortueux et cruel. Il serait préférable que personne n'ait à endurer de telles afflictions, parce qu'une telle personne reste condamnée par la société aussi longtemps que dure l'histoire humaine. Quand cette prise de conscience qu'est de voir Dieu en toute chose (visualiser Dieu en chacune des particules de cet univers) résulte d'un amour immense de Dieu, c'est l'authentique réalisation, le véritable accomplissement, quelque chose de plaisant, d'extrêmement doux et précieux. Quand les êtres humains développent une forte envie d'atteindre à Dieu, quand ils s'efforcent ardemment de le connaître dans toutes leurs actions (et qu'à la fin ils y réussissent), leur ferveur, leur désir irrésistible du Seigneur, se dit *árádhaná*[1] en sanscrit. On appelle « *rádhá* » l'entité qui possède ce désir irrésistible *(árádhaná)*, *rádhá* représente ici la psyché de celui qui est épris de Dieu. Les gens de Vraja sentaient et avaient conscience de Krishna à chacune de leurs pensées et actions.

> *Hari est partout, Hari est en toute chose : sur la terre, dans l'eau, dans le vent et dans le feu. Il est dans le soleil, il est dans les trois mondes.*[2]

---

[1] *á – rádh* + [opérateurs suffixaux] *anaí* et *tá* [féminin] = *árádhaná*
[2] *Jale Hari, sthale Hari, anale anile Hari,*
Graha tárá súrje Hari, Harimay e trisamsár.

Dans le cas de la visualisation en tout de Krishna conducteur du char d'Arjuna, les gens le voyaient en toute chose. Les Pândavas[1] firent l'expérience de cette prise de conscience en tant que ses inséparables amis et fidèles, et les Kaoravas en tant que ses formidables ennemis. Ceux qui sont criminels ou pécheurs considèrent Dieu comme leur ennemi. « Attention ! » se disaient les ennemis de Krishna terrorisés : « Voilà l'ennemi Krishna, Conducteur du char d'Arjuna. » C'est ainsi qu'au cours de sa vie, le monde entier se polarisa. Cette polarisation se fit aussi du temps de Krishna de Vraja, mais elle n'était que partielle. C'est à la période de Krishna conducteur du char d'Arjuna, que la polarisation s'acheva. La société se divisa en deux camps ennemis : d'un côté ceux qui lui étaient extrêmement dévoués, toujours prêts à sacrifier leurs vies pour sa mission et son idéologie, et de l'autre côté ceux dont la colère et l'hostilité se firent si extrêmes qu'ils ne pouvaient tolérer son nom et à plus forte raison son existence.

L'égalité avec Dieu *(sárśti)* :

Vient ensuite l'égalité avec Dieu. L'égalité avec Dieu arrive lorsque les aspirants spirituels prennent conscience de Dieu de toutes les façons possibles et de toutes les manières concevables. Non seulement l'adorateur le voit, mais il reste uni avec lui, un avec lui. C'est-à-dire que le pratiquant a le sentiment que « j'existe, il existe aussi, et il y a un lien entre nous. » Il y a un sujet, il y a un objet, et il y a un verbe reliant les deux. C'est le sens véritable de « l'égalité avec Dieu ».

Il y a quelques différences entre « l'égalité avec Dieu » et « voir Dieu en toute chose ». « Voir Dieu en toute chose » correspond à : « J'existe et Seigneur, tu existes aussi » alors

---

[1] Les « fils de Pându », les cinq frères (dont Arjuna), cousins des Kaoravas devenus leurs ennemis dans la guerre du Mahâbhârata. (ndt)

que pour « l'égalité avec Dieu » c'est : « Je suis devenu un avec toi. » Mais la perception du « je », « devenu un avec toi », demeure. Il y a un sentiment de « je », aussi ténu soit-il. Sinon comment puis-je déclarer que « je suis devenu un avec toi » ? Pour tourner les choses autrement, les adorateurs et le Seigneur sont extrêmement proches dans « l'égalité avec Dieu », mais il demeure encore un élément de dualité. L'adorateur existe et a le sentiment que son Seigneur est là aussi, il y a donc une dualité. « Je ne veux pas devenir le sucre, je veux le savourer. Si je deviens sucre, comment pourrais-je jouir de sa saveur ? »

Je ne veux pas être le sucre, j'aime le déguster ![1]

(Ramprasad)

[Pour cela] il doit donc demeurer une certaine différentiation entre les deux entités. Ce sentiment de dualité, si léger soit-il, est le dernier mot dans la plupart des écoles vichnouïtes *(vaeśńava)* de philosophie et dans la plupart des religions du monde.

[L'unification (l'unité absolue) avec Dieu *(kaevalya)*] : seules quelques écoles vichnouïtes insistent sur le fait que le dernier mot est « Seigneur, toi seul existe ». On appelle cette prise de conscience – « Toi seul existes » – « l'unité absolue » [avec Dieu] *(kaevalya)*. Dans les écritures vichnouïtes, l'état d'« unité absolue » [avec Dieu] est peu mentionné (bien qu'il ne soit pas totalement non existant), car on y considère généralement l'état d'égalité avec Dieu comme le stade le plus haut.

Le stade de prise de conscience qu'est l'égalité avec Dieu *(sárśti)* s'atteignait à travers Krishna de Vraja comme à travers Krishna conducteur du char d'Arjuna *(Párthasárathi Kriśńa)*, mais d'une façon différente. En règle générale, la prise de conscience est semblable dans les deux cas, mais avec Krishna

---

[1] *Cini hate cáine re man, Cini khete bhálabási.*

de Vraja, les prises de conscience d'être intime avec lui, de communier avec lui, de le voir en toute chose et de l'égalité avec lui se faisaient dans le doux ressenti *(madhura bháva)*, les pensées plaisantes et l'intimité à tous les stades, dans une joie et une félicité débordantes. Dans le cas de Krishna conducteur du char d'Arjuna, la prise de conscience s'obtenait par la lutte, les privations et les épreuves. Pour le stade d'être dans le même monde que Dieu, Krishna conducteur du char d'Arjuna, contrairement à Krishna de Vraja, n'inspire pas les cœurs de ses adorateurs en jouant de la belle musique sur sa flûte. Il donne plutôt à ses dévots les directives suivantes : « Faites votre devoir terrestre, construisez une société stable sur une économie saine, luttez contre l'injustice et édifiez une fondation sûre pour les individus comme pour la collectivité. Soyez pragmatiques et restez unis face à toute force malfaisante. Unissez les différents groupes de la société sur une plate-forme commune. »

Vous savez tous que c'est le Seigneur Shiva qui le premier enseigna aux êtres humains à mener une vie systématique et harmonieuse, qui leur montra comment s'opposer aux tendances séparatistes résultant des propensions animales. On considérait cela suffisant à l'époque de Shiva, mais du temps de Krishna, il y avait une plus grande conscience sociale. Krishna voulait éveiller chez les gens un grand désir de combattre les forces du mal. Bien que Krishna n'ait pas offert de théorie socio-économico-politique, il éveilla la conscience des gens dans les domaines sociaux, économiques et culturels, et fit avancer la société en l'inspirant de manière unique. Autrement dit, Krishna conducteur du char d'Arjuna aida les gens à avancer en développant leur conscience sociale. C'est pourquoi, ceux qui avaient reçu les instructions du Conducteur du char d'Arjuna[1], sautèrent directement du stade d'être dans le même monde que Dieu *(sálokya),* stade le plus bas, au stade de l'égalité avec Dieu *(sárśti).* Ils ne s'élevèrent pas graduellement de stade en stade dans la joie et les douces expériences bienheureuses, mais avancèrent d'un coup au stade le plus haut. Cette expansion soudaine impliquait effort, labeur et lutte. Elle comportait vraiment du risque et exigeait un esprit de lutte inflexible.

Avec Krishna de Vraja, les admirateurs développaient une conscience spirituelle unique. La seule pensée occupant l'esprit d'un adorateur était : « Je veux aller à Dieu » et ce voyage se faisait sous le signe du doux ressenti. Les enseignements de Krishna conducteur du char d'Arjuna étaient très différents. Il déclara : « Tu veux avancer. C'est très bien, mais les autres doivent avancer avec toi. Vous devez tous venir [à moi] ensemble. » Certes cette approche affecte le doux ressenti dans une certaine mesure parce qu'elle comporte un élément de dureté. Si l'on doit faire une analogie, on peut comparer Krishna de Vraja à une mangue très sucrée à la peau épaisse. Vous pouvez facilement la peler et savourer à souhait sa chair douce et juteuse, pas de difficultés, seulement du bonheur. Si quelqu'un vous demande si elle est sucrée, vous ne pouvez trouver les mots pour décrire votre plaisir et faites quelques gestes pour illustrer sa douceur. Mais Krishna conducteur du char d'Arjuna peut se comparer à un *aegle marmelos* ferme et mûr avec une coque dure. Vous devez vous donner la peine de casser la coque, et tout en la cassant, vous devez faire attention de ne pas laisser le fruit s'écraser au sol. Sa pulpe est sans aucun

---

[1] Les versets (voir p. 47) bien connus de la *Kaṭha Upaniṣad* assimilent le conducteur, le pilote, du char du guerrier à la conscience (qui est au plus proche contact avec Dieu et qui donc sait ce qui est bien et ce qui est mal) et au final à Dieu lui-même, et le char au corps humain. Le guerrier Arjuna symbolise ici l'aspirant spirituel modèle (autrement dit, qui suit sa conscience, et donc Dieu). (ndt)

doute très bonne pour l'estomac, peut-être même meilleure que celle d'une mangue, mais elle n'est pas savoureuse. Ce n'est pas aussi juteux qu'une mangue. Si on peut comparer Krishna de Vraja à une pâtisserie élaborée comme le *gokulapiithá* ou le *páti sáptá*, on peut comparer Krishna conducteur du char d'Arjuna à une sucrerie de jus de canne à sucre bouilli et condensé.

En analysant ces six stades de plus en plus élevés, l'on doit prendre en considération un élément supplémentaire. Les êtres humains ont comme toutes les expressions de cet univers, une forme et une couleur. Il est de leur devoir de s'établir de manière permanente au-dessus de toutes les ondes de l'apparence *(tanmátra[1])*, de s'élever au-dessus du son, du toucher, de la forme, du goût et de l'odeur. Quand votre esprit se hausse au-dessus des ondes sensibles aux diverses longueurs d'onde et atteint finalement la longueur d'onde la plus subtile, une ligne droite, vous prenez conscience que le Conducteur du char d'Arjuna est votre ami le plus cher et votre parent le plus proche.

Le bandhu ne peut supporter de quitter [son ami], le suhrid a les mêmes opinions [que lui], le collègue (mitra) la même activité, le sakhá la même respiration.[2]

On appelle *bandhu* celui qui ne peut supporter d'être séparé de ses amis : les liens de l'amour sont si forts qu'ils ne peuvent se briser. « Le *suhrid* a les mêmes opinions »ₛ : quand

---

[1] *Tanmátra* signifie littéralement : « la fraction la plus infime de cela », c'est-à-dire d'un élément fondamental donné [solide, liquide, lumineux, gazeux, spatial] de la matière. On le traduit aussi par « onde déduite *(inferential)* ». Ces [ondes des éléments fondamentaux de la matière] *(tanmátra)* transmettent les sensations auditives, tactiles, visuelles, gustatives ou olfactives. (ndEds)

[2] *Atyága-sahano bandhuh sadaevánumatah suhrd ;*
Eka-kriyam bhaven mitram samaprának sakhá smrtah.

deux amis sont toujours d'accord, qu'ils sont toujours du même avis, on les dit *suhrd*. « Lorsque des gens ont la même profession et ont des responsabilités de même nature, on les nomme collègues *(mitram)*. » : par exemple, deux avocats ou deux médecins sont collègues *(mitram)*. « Quand l'amour entre deux amis les rapproche tant qu'on a l'impression qu'il s'agit d'une seule et même existence, on les qualifie de *sakhá*. »

Arjuna était le *sakhá* de Krishna. [Krishna,] Conducteur du char d'Arjuna était le *sakhá* d'Arjuna. Leur amour mutuel était très profond.

Arjuna atteignit Krishna, le véritable Krishna, après avoir franchit les différents stades, de celui d'« être dans le même monde que Dieu » à celui de « l'égalité avec Dieu ». Arjuna dut passer par maints entraînements rigoureux, difficultés et souffrances. Lorsque sur le champ de bataille, il fut terrassé par une crise morale, il fallut le secouer violemment moralement avant qu'il reprenne ses esprits. Il reconnut alors Krishna clairement et parfaitement, et sa vie porta ses fruits.

Comment atteindre au Très-Haut *(Puruśottama)*, à Krishna, conducteur du char d'Arjuna ? Pour Arjuna, les doux murmures des stades initiaux cédèrent la place, au stade final, au bruit assourdissant de [la conque de Krishna appelée] *páiṇcajanya,* résultant en la prise de conscience suprême et finale d'Arjuna. Avec Krishna de Vraja, l'expérience était différente. Il laissait échapper de sa flûte, différentes notes à différents moments. Quand les dévots font un certain progrès spirituel par le doux ressenti, ils entendent un son semblable à celui d'un criquet. Si vous méditez dans un lieu solitaire avec une profonde concentration, vous entendrez le son du criquet. Les criquets se taisent, bien sûr, au bout d'un moment, alors que le son cosmique n'interrompt jamais son continuel refrain. C'est le premier stade du son de flûte de Krishna de Vraja. Il y a d'autres sons et d'autres stades comme le mugissement de la mer, le grondement du tonnerre, et, finalement, au stade de l'égalité avec Dieu, le son prolongé du *Oṃm*, poursuivant son courant perpétuel sans arrêt ni pause[1]. Mais tout en entendant le son *Oṃm*, les aspirants spirituels distinguent en son sein le son de la flûte. Ils l'entendent de leurs oreilles physiques.

> *Même aujourd'hui le Seigneur Krishna joue de sa flûte.*
> *Seuls quelques bienheureux entendent ce son sacré.[2]*

Quand un aspirant spirituel parvient à ce stade, il ou elle atteint l'égalité avec Dieu et ressent : « Seigneur ! Tu existes, j'existe. Nous sommes si proches que je suis devenu toi. Tu es devenu moi. » C'est l'intimité maximum. On peut sans aucun doute parvenir à cette égalité avec Dieu à travers [Krishna] Conducteur du char d'Arjuna, mais la prise de conscience est d'un autre genre. La pensée est ici : « Ô Dieu, Ô Seigneur, Ô Conducteur du char d'Arjuna ! Tu m'as fait exclusivement tien(ne). Mon existence séparée ne peut se maintenir en l'état. Je ne suis qu'un outil entre tes mains. Je pointerai mon arc où tu le désires. Je suis prêt pour toutes sortes de travaux. »

Calcutta, le 7 septembre 1980

---

[1] Ces sons et leur relation avec les différents plans psychiques sont détaillés dans le discours « L'Expansion du microcosme » *(L'Enseignement philosophique et spirituel de la Shwetâshwatara Oupanishad,* Éditions Ánanda Márga) du même auteur. (ndt)

[2] *Adyápi sei kálácánd bánsharii bájáy ;*
Kona kona bhágyabán shuńibáre páy.

Quitter ses limitations

*La pensée est pour l'être humain la cause de la servi-
tude comme de la libération.* [1]

Pourquoi ? Parce que si en dessous de l'être humain aucun
être n'a de pensée indépendante, que tous sont menés par leurs
instincts, l'être humain, lui, a une pensée libre. Il agit en fonction de sa volonté. Il peut s'aliéner comme se libérer. Là réside
la différence fondamentale entre l'être humain et l'animal.

La pensée requiert en permanence un objet [pour subsis-
ter]. Les Écritures qualifient cet objet de la pensée de nourriture mentale : *ábhoga*. Si ce qui nourrit l'esprit est limité,
l'esprit est lui-même limité. Si ce qui l'emplit est infini, l'esprit
devient, dans son effort d'atteindre cet objet illimité, également
illimité. Le choix de son objet mental, limité ou illimité, dépend de la personne, de sa volonté. La grandeur ou la petitesse
de quelqu'un dépend ainsi entièrement de ce qu'il veut.

*On est assujetti quand [sa pensée] se porte sur les ob-
jets, libéré lorsqu'elle est sans objet.* [2]

Quand l'être humain s'attache à un objet mental limité, il
s'asservit. Quand son objet mental est illimité, ne pouvant le
saisir, sa pensée perd toute limitation et se dissout en cet objet.
On atteint alors à la libération.

*Pris par ses limitations mentales, on reste un individu,
libéré d'elles, on devient l'Esprit.* [3]

(Tantra)

---

[1] *Mana eva manuśyáńáṁ káranaṁ bandha-mokśayoh.* [Confer le *Viśńu
Puráńa (6-7-28)* ou les *Brahma-* et *Ámrta-Bindu Upaniśads v. 2*]
[2] *Bandhas tu viśayásauṅgi mukto nirviśayaṁ tathá.*
[3] *Pásha-baddho bhavej jiivah pásha-mukto bhavec chivah.*

Qu'est-ce que la pratique spirituelle de l'être humain ? C'est oublier son individualité *(jiivatva)*, quitter ses chaînes et atteindre à l'universalité de l'Esprit *(shivatva)*. Cela seul est le but de l'être humain.

Patna, le 17 août 1978

Annexes

Enseignement de la méditation

Les enseignants spirituels d'Ánanda Márga sont toujours prêts à enseigner, sans frais, les techniques de la méditation yoguique et les diverses pratiques yoguiques recommandées par l'école de yoga Ánanda Márga aux personnes sincères désireuses de la pratiquer.

L'enseignement spirituel yoguique de l'Ánanda Márga est transmis par des enseignants qualifiés. Cet enseignement, gradué, individuel, se complète d'une participation éventuelle à des stages et ateliers ainsi que d'un encouragement à s'impliquer dans la société et dans des activités associatives et humanitaires[1].

Pour une rencontre ou un renseignement contactez : Ánanda Márga Pracáraka Saḿgha, voir adresses et sites p. 174

---

[1] Les membres d'Ananda Marga ont d'ailleurs créé notamment l'association internationale AMURT, affiliée à l'ONU en tant qu'organisation non gouvernementale, qui œuvre dans le monde entier par des missions de développement et de secours, l'association PCAP de protection des animaux et des plantes, et Renaissance universelle et RAWA, associations respectivement d'intellectuels et d'artistes pour un renouveau dans une perspective ouverte, positive à long terme et élevante de leurs recherches et réalisations.

Ouvrages de l'auteur

L'auteur, philosophe, philologue, historien des religions et maître de yoga, a écrit de nombreux livres sur les sujets spirituels :

Notamment une série[1] sur les textes de la tradition spirituelle indienne, en particulier les Oupanishads, comprenant :
– *Sublime Spiritualité,*

Une présentation philosophique et pratique des bases ontologiques et cosmologiques dans la philosophie indienne et des textes de la tradition de la *bhakti* ; suivie de volumes commentant les Oupanishads majeures, commentaires dont les éditions françaises comprennent la traduction française directe du texte sanscrit de l'oupanishad cité par l'auteur :
– *La Science sacrée des Védas vol. I*
   (Îshâ, Prashna, Muṅḍaka, Páshupata Brahma,
   Kaevalya et Nrsiṁha Tápaniiya[2] *Oupanishads)*
– *La Spiritualité de la Katha Oupanishad.*
– *L'Enseignement philosophique et spirituel de*
   la Shwetâshwatara Oupanishad, etc.[1]

Ainsi qu'une série de courts ouvrages commentant des versets phares de la tradition spirituelle de l'Inde :
– *Nectar de l'Enseignement spirituel, tomes 1, 2, 3,* etc.[3]

Un ouvrage sur la vie et l'enseignement de Krishna au regard des écoles de philosophie indiennes :
– *Namámi Krśńa Sundaram (Je salue la Splendeur de Krishna)*

---

[1] La série *Subháśita Saṁgraha,* qui a au moins vingt-six volumes en bengali, reprise dans la série intitulée *Ánanda Márga Ádarsha o Jiivanadhárá (La Philosophie et l'Idéal de vie de l'Ánanda Márga).* (ndt)

[2] Une « version » élargie de la *Máńdúkya* Upanishad. (ndt)

[3] Trente-quatre tomes sont disponibles en langues indiennes sous le titre *Ánanda VacanÁmrtam.* (ndt)

Une somme sur Shiva, présentation à la fois de l'aspect historique (incluant les courants religieux jusqu'à aujourd'hui), l'essentiel de l'enseignement de Shiva, son rapport aux courants philosophiques traditionnels indiens, et les hymnes traditionnels à Shiva :

– *Namah Shiváya Shántáya (Mes hommages, ô Shiva le Tranquille)*

Un précis philosophique :

– *Ánanda Sútram*, résumant en aphorismes sanscrits (et en cinq chapitres) l'essentiel de la philosophie spirituelle et sociale de l'auteur.

L'auteur a en effet également écrit, sous son nom civil Prabhat Ranjan Sarkar, de nombreux ouvrages de philosophie politique et sociale. Il est notamment l'auteur de la théorie socio-politique de l'Utilisation progressiste – la Tup, connue en anglais sous le nom de *Prout* (prononcé praote) – qui soutient une utilisation maximum et progressiste de toutes les ressources (physiques, psychiques, etc.) dans une perspective équitable et néohumaniste ; et de l'essai *Libérer l'intelligence, un Nouvel Humanisme*, ainsi que d'une encyclopédie, un dictionnaire et plusieurs ouvrages de philologie en bengali, etc. ; et parmi d'autres, en complément à ceux mentionnés ci-dessus :

Morale :
Un Guide de conduite humaine – yama niyama les principes moraux spirituels du yoga

Traité social :
Manuel pratique de l'Ánanda Márga, tomes 1 à 2 (Ánanda Márga Caryácarya)

Recueils de textes :
Une Promenade spirituelle en ce monde (florilège),
Libérer l'intelligence, un Nouvel Humanisme, avec des compléments (recueil)

Hygiène et santé :
Se Soigner par le yoga, l'hygiène de vie et les remèdes naturels

Manuel pratique de l'Ánanda Márga, tome 3 (postures)
Philosophie :
Idea and Ideology
La Philosophie de l'Ánanda Márga, une récapitulation, vol. 1 (recueil)
La Faculté de connaître
Chants et poésies :
Prabhát Saṁgiita (165 vol.)
Politique et social :
La Vision de la TUP, la Théorie de l'Utilisation progressiste (recueil)
To the Patriots
Problèmes du jour
La Société humaine (2 vol.)
Littérature enfantine :
Le Lotus d'or de la mer Bleue (illustré pleine page) ;

Dans les abysses de la mer Bleue ; Au Pays de cocagne (Haťťamálá)
Philologie :
Varńa Vijińána (La Science du language)
Varńa Vicitrá (De l'usage divers des mots) (8 volumes)
Encyclopédies :
Shabda Cayaniká (26 vol.) (du bengali, inachevée)
Krśi Kathá (Une agriculture idéale)
Ámáder Pratibeshii - Pashu o Pákhi (Nos amis les bêtes)
Recueils de textes (suite) :
Aspects avancés de la psychologie du yoga
Science et connaissance ésotérique :
Pramá ; Les Microvita, Etc.

Vous trouverez aussi une récapitulation des ouvrages de l'auteur disponibles en français ainsi qu'où les trouver sur **anandamarga.free.fr** chapitre livres, autrement dit sur la page :

http://anandamarga.free.fr/livres.htm
Consultez aussi **https://ananda-marga.monsite-orange.fr**

Note A : Cette phrase n'est pas dans l'enregistrement du discours. Peu après celui-ci, le discours fut publié sous la forme d'une brochure. Cette phrase apparaît pour la première fois dans cette version du discours. En 2002, les éditeurs de cette brochure ne purent se rappeler d'où elle venait, l'éditeur en chef pensait cependant que l'auteur l'avait peut-être dite en donnant l'instruction de l'insérer à ce point du discours. (ndEds)

L'éthique yoguique
Yama Niyama

Yama :

L'innocuité *(Ahiṁsá)* :

Ne pas blesser ou nuire, par ses actes, ses pensées ou ses dires.

La Vérité *(Satya)* :

Avoir des paroles, des pensées et des actions justes, en gardant à l'esprit le bien d'autrui.

L'honnêteté *(Asteya)* :

S'abstenir du désir de prendre ce qui appartient à autrui ou de le priver de son dû.

La pensée spirituelle *(Brahmacarya)* :

Maintenir constamment sa pensée sur Dieu, le voyant en toute chose.

La simplicité de vie *(Aparigraha)*:

Refuser toute commodité qui ne soit pas essentielle.

Niyama :

La pureté *(Shaoca)* :

Cela comprend la propreté du corps et de l'environnement ainsi que la pureté de l'esprit. On peut rester pur mentalement en agissant avec bonté envers les créatures vivantes, en faisant preuve de charité, en aidant autrui, et en agissant bien.

Le contentement *(Santośa)* :

C'est être content de ce que l'on a. Il est essentiel d'essayer d'être toujours joyeux.

La pénitence *(Tapah)* :

Vivre et rendre service à son prochain en se privant.

La lecture spirituelle *(Svádhyáya)* :

Étudier les textes et commentaires spirituels pour en comprendre le sens profond.

La méditation *(Iishvarapraṅidhána)* :

S'immerger dans le flot spirituel et pour cela, avoir fermement foi en Celui qui régit ce monde, dans le bonheur comme dans le malheur, et se penser comme son instrument dans toutes les circonstances de la vie.

La vie humaine est courte, il est sage de se procurer toutes les instructions pour la pratique spirituelle aussi tôt que possible. Pour plus de précision sur *yama niyama*, lire *Un Guide de conduite humaine,* éditions Ananda Marga.

Précisions éditoriales

Tous les textes ont été traduits à partir de l'édition en langue anglaise, sauf les textes ou citations sanscrites, traduits directement de sanscrit en français (par Jyotsnâ Devî) à part les deux versets tirés d'*Ánanda Sútram (AS),* simplement révisés, et les versets traduits par l'auteur lui-même. La traduction française a été révisée à partir de la 7ᵉ édition électronique *(eledit)* en langue anglaise des œuvres de l'auteur ou, du texte original. Entre parenthèses sont précisés le titre anglais (lorsque nécessaire), la langue originale[1] et le livre d'origine (voir ci-dessous les abréviations).

- Ont été traduits par Satyam Deva les discours suivants (révision, Jyotsnâ Devii) :

Plexus et microvita (ce chapitre est un extrait d'une compilation *(Plexi and microvita)* de notes prises lors d'un cours de l'auteur du 10-12 janvier 1989, associées à la liste des tendances psychiques et de leurs racines acoustiques provenant de l'article « Les racines acoustiques de l'alphabet indo-aryen » *(AMPN8,* 1988), anglais) ; Intériorité et extériorité *(The Two Human Approaches,* anglais *(AV14))* ; Nos cellules participent à notre psychisme *(Food, Cells, Physical and Mental Development, TK2,* hindi) ; Le corps humain est une machine biologique (anglais) ; Questions et réponses sur les pratiques yoguiques *(Questions and Answers on Meditation)* (article transcrit à partir de notes prises par les professeurs de méditation en formation lors de sessions d'examen ; anglais) ; Transmutation biologique associée à une métamorphose psychique et vice versa (anglais, hindi et bengali, *SS18)* ; Les leçons de Shiva ~ n° 11 ~ *(Shivopadesha 11,* bengali, *NSS)* ; La spiritualité de Krishna, 1 et 2 ; Krishna dispense six stades de ressenti de Dieu ; (bengali, *NKS).* Les quatre dimensions de l'économie (anglais et bengali).

- Ont été traduits par Jyotsnâ Devii les discours suivants :

Le je suprême *(Mind and Cognitive Faculty)* ; Prendre refuge en Dieu *(Bhavámbhodhipotam)* ; La connaissance de soi *(ágama nigama)* ; *(AV2)* ; Soyez une personne de première classe ; Soyez résolus ; Avoir bon esprit ; Quitter ses limitations ; *(AV1)* ; (hindi et anglais). Le microvitum, mystérieuse émanation du principe cosmi-

---

[1] Lorsque c'est l'anglaise, le texte comprend souvent néanmoins bon nombre de concepts exprimés en sanscrit et de citations sanscrites, surtout les textes spirituels.

que (anglais, *RU)* ; Les microvita subtils *(Crude and subtle microvita*, bengali) ; *Prabhát saṁgiit* (chants : bengali ; sanscrit) ; La nécessité de l'écologie *(How Cruel Human Beings Are! – Section B)* (bengali, sous réserve) ; Dieu et les plans d'existence *(Ádhára* et *ápekśika satya,* ?) ; La douce science *(The Base of Life) (DMC)* (bengali, hindi et anglais) ; *(SS1)* ; Encourager l'excellence humaine chez tous *(Exploitation – No More,* hindi) ; *(NH (AV7))*.

- A été révisé par Jyotsnâ Devii et Dhyânesh Deva :

Le Nouvel humanisme et les sentiments humains *(Devotional Sentiment and Neohumanism,* bengali, *NH)*

- A été traduit et questions formulées par Dhyánesh Deva :

Sur la pratique de l'Art et de la Littérature (réponses extraites et traduites de *The Practice of Art and Literature,* **FPS1**)

SS1 : *Sublime Spiritualité (Subháśita Saṁgraha) 1* ; **SS18** : *Subháśita Saṁgraha part 18* ; **AV1** : *Nectar de l'Enseignement spirituel (ÁnandaVacanámrtam)* t.1 ; **AV2** : t.2 ; **AV14** : t.14 et **AV7** : t.7 (anglais). **NH** : *Libérer l'intellect : le Nouvel Humanisme* (et son recueil) ; **NKS** : *Je salue bas le charme de Krishna (Namámi Kriśńa Sundaram).* **NSS** : *Mes hommages au pacifique Shiva (Namah Shiváya Shántáya)* ; **TK2** : *Tattva Kaomudii Part 2* ; **AMPN8** : *Ánanda Márga Philosophy in a Nutshell Part 8* (recueil) ; **FPS1** : *A Few Problems solved Part 1 ; **AS**, précis philosophique de l'auteur.

Les textes traduits par Satyam Deva (sauf ceux extraits de *NKS, NSS* et celui sur l'économie) ont été également édités dans un recueil sur des aspects avancés de la psychologie du Yoga).

Ndt désigne une note de la traductrice française, nde une note éditoriale française, ndEds désigne une note des éditeurs de la version anglaise. Entre crochets un ajout ou une reformulation éditoriale ou du traducteur, entre parenthèses les termes originaux de l'auteur. Les traductions du sanscrit sont souvent de J. Devii, le sanscrit étant alors souvent mis en note ; autrement la traduction est mise entre crochets pour la différentier de celle de l'auteur qui parfois traduit lui-même sa citation. Un petit s en indice ($_s$) indique que le texte original était en sanscrit, du sanscrit déjà cité précédemment dans le chapitre ; il peut être suivi d'un petit a ($_a$), qui indique que la traduction est de l'auteur.

Transcription latine du sanscrit

Nous avons adopté la translittération suivante de l'alphabet sanscrit en caractères romains :

a, á, i, ii, u, ú, r, rr, lr, lrr, e, ae, o, ao, aṁ, ah,

ka, kha, ga, gha, uṇa, ca, cha, ja, jha, iṇa,

ṭa, ṭha, ḍa, ḍha, ṅa, ta, tha, da, dha, na,

pa, pha, ba, bha, ma, ya, ra, la, va,

sha, śa, sa, ha, kśa.

le ' désigne l'élision phonétique du *a*, le *ṇ* le *candra-bindu*.

Nous avons parfois mis en gras la voyelle ou diphtongue en sandhi (liaison phonétique) lorsqu'elle lie deux mots distincts.

Prononciation (simplifiée) du sanscrit :

Les voyelles ont une forme courte et une forme longue : **a** est court, **á** long; **i** court, **ii** long, etc. **u** se prononce « ou », la semi-voyelle **r** se prononce « ri », **e** se prononce « é », **ae** et **ao** sont des diphtongues se prononçant « ail » et « aou » (ou « ao »), **c** se prononce « tch », **j** se prononce « dj », le **h** qui suit ou non une consonne se traduit par une expiration, **uṇ** et **iṇ** sont des n qui nasalisent la voyelle précédente, *ṁ* est un signe nasalisant associé à la voyelle précédente, il n'est pas considéré comme une consonne. La prononciation du **s** et du **g** est toujours dure *(rasa* : rassa, *auṇgira* : anguira), **y** se prononce « dj » en début de phrase (ou en début de mot si ce mot ne fait pas la liaison avec le mot précédent) et « y » autrement, **v** se prononce « ou » après une consonne, **sh** et **ś** se prononcent « ch ».

Soit : *svapna* (souap(e)na), *prakrti* (prakriti), *auṇgira* (anguira), *shiva* (chiva), *viśṇu* (vichnou), *yajur* (djadjour), *vishva* (vichoua) ; *Sambuddhi* prononcé sam(e)bouddhi ; *vishuddhe* : vishouddhé.

Toutes les consonnes finales sont prononcées et font la liaison avec la voyelle, la diphtongue ou la consonne initiale suivante :

apy etat : « à pied tâte », *asmy aham* : « asmiaham(e) » *(y* est considéré comme consonne et fait donc la liaison (tandis qu'un i final ne la fait pas et se prononce en hiatus : *viśúcii avidyá* : « vichoutchi, avidya »*))* ; *mokśam ápnuyát* : mokcha-map'nouyat' ; *vaerágyam evábhayam* : vaill(e)'rá-gyamévábhayam, etc.

Adresses

Sur Internet :

Vous trouverez sur le premier site une introduction à la pratique de la méditation et des postures de yoga (entre autres). Pour les livres, voir au chapitre « Ouvrages de l'auteur » p. 167

http://anandamarga.free.fr
https://ananda-marga.monsite-orange.fr
www.anandamarga.fr
http://www.anandamarga.eu (en anglais)
https://www.anandamarga.org (en anglais)

Pour une rencontre ou un renseignement :

En **France**, écrivez à : Ánanda Márga Pracáraka Saḿgha, chez M. Botrel, 1 rue André Chénier, 91000 Évry

Ou par mél à o.caujolle@laposte.net

Ou anandamarga@free.fr ou neohumanismo@yahoo.es

En **Europe** : Ánanda Márga Pracáraka Saḿgha,
Weisenauer Weg 4,
D-55129 Mainz, Allemagne,

tél : 00 - 49 6131-834262

mél : sosberlin@anandamarga.eu

ou   europe@anandamarga.org

En **Afrique** : contactez le centre d'Ananda Marga du
Burkina Faso : Ananda Marga
01BP 3665 Ouagadougou 01, Burkina Faso
Tél: + 226 25375592 / 70255808 Mél: amurtbf@gmail.com

Île Maurice :   ravirambujoo@intnet.mu
                    tél. 00 230 6179709

Madagascar : Tananarive :
Mél : somiirserge@gmail.com, tél : 00 261 330774652.

Haïti : Ananda Marga, Inobert Pierre 12, Rue E. Guello,
         Fond des Blancs, Haiti, WI 8312
Mél : inobert@yahoo.fr   Tél: +509 42 93 65 17
Mél : demeter@desprihaiti.org
Amurtel/Ananda Marga, Rue Garnier, Impasse Dumond 10a,
Bourdon, Port au Prince, Haïti. Tél. 00 509 38132828

Canada : Ananda Marga Master Unit Canada
          323 Rang St-Louis, St-André-Avellin
          (Québec) J0V1W0 Canada,
tél (mobile) : 00 1 613 322 6663
Montréal : tél (mobile) : 00 1 514-806-4426
mél : dayashiilananda@gmail.com

États-Unis :
Ananda Marga Center, 149-02 Melbourne Avenue,
Flushing, New-york 11367 (USA)
tél : (00-1-)718-8981603
mél : sosny@anandamarga.us,
http://ampsnys.org

Table des matières

Annexes